WINTER GEMÜSE

AF640540

ulmer

Heidi Lorey

WINTER GEMÜSE

Frische Ernte in der kalten Jahreszeit

DAS LESEN SIE IN DIESEM BUCH

SO WIRD DER HERBST ZUM ZWEITEN FRÜHLING

Gartenbücher, die sich mit dem Winter befassen, sind eher selten. Und wenn, handeln sie von Gartenplanung, Winterstruktur durch Stauden und Rindenfarben von Gehölzen. Aber ein Buch über Gemüseernte im Winter? Auf die Idee, mehr als nur Feldsalat über den Herbst hinaus im Gemüsebeet auszusäen, bin ich wahrscheinlich durch meine Faulheit gekommen. Ich hatte keine Lust, die Gartenbeete im Herbst „ordentlich" zu machen, umzugraben und Gründüngungspflanzen einzusäen. Also blieben Salate, Mangold und Endivien einfach stehen. Wenn Gründüngung wächst, dann kann doch auch etwas wachsen, was wir essen können. Viele Gemüse erwiesen sich als erstaunlich

Salate, Endivien, Feldsalat und die letzten Tagetes füllen das Beet im November. Ein Bild fast wie im Frühling.

winterfest. In manchen Jahren klappte es besser und ich erntete bis Ende Januar. In kälteren Wintern mit starken Kahlfrösten waren die Endivien Mitte Dezember erfroren. Da wir keine absoluten Selbstversorger mehr sind, ist das nicht so tragisch. Die Freude an der frischen Ernte aus dem eigenen Garten steht im Vordergrund.

In diesem Buch möchte ich Ihnen zeigen, wie Sie speziell in der zweiten Hälfte des Jahres Gemüse anbauen können. Im Frühling säen alle euphorisch aus, pflanzen und stöhnen, dass bei gutem Wetter alles gleichzeitig in die Erde muss. Im Sommer fällt dann die Ernte an, meist sind alle Salatköpfe auf einmal fertig. Es wird gekocht und eingemacht, eingefroren und gedörrt. Im Spätsommer sind die Beete schon leer und man überlässt das Gemüsebeet ab Ende August dem Frühherbst, oft nur brach und leer. Immer häufiger gibt es milde Tage bis Ende November, das beste Wachswetter! Laut phänologischem Kalender des Deutschen Wetterdienstes sind seit den 1990er-Jahren der Herbst deutlich länger und der Winter erheblich kürzer geworden. Dadurch ergibt sich im Herbst eine längere Wachstumsperiode. Mitten im Sommer holen wir die Samentüten hervor und nutzen den warmen Gartenboden. Viele Kulturen wachsen gerne, wenn die Temperaturen nach einem heißen Sommer sinken. Der August ist der zweite Frühling! Wer spät aussät, kann auch noch später ernten. Wenn das Gemüse nicht mehr wächst, steht es im Beet als „Frischelager". Das verbraucht im Gegensatz zu Kühlschrank und Kühltruhe keine Energie und schont das Klima. Jeder Kohlkopf, der in unserem Garten wächst, wird nicht über die Autobahn transportiert. Regionale Produktion spart Foodmiles. Wenn viele Hausgärtner einen kleinen Beitrag leisten, können wir etwas Klimarelevantes bewirken und unseren eigenen ökologischen Fußabdruck verringern. Wir haben keine zweite Erde in der Tasche, aber wir können die Ressourcen kreativ nutzen.

Heidi Lorey

DAS POTENZIAL EINER VERGESSENEN JAHRESZEIT

Der Winter ist eine Jahreszeit, die Gärtner geflissentlich überspringen. Selbst in Gartenzeitschriften folgt nach dem Herbst schon wieder der Frühling. Dabei bietet der Winter im Gemüsegarten eigene Hochgenüsse.

WANN WIRKLICH WINTER IST

Das Jahr wird in unseren Breiten vom Rhythmus der Jahreszeiten bestimmt. Der Winter ist eine unserer vier Jahreszeiten. Es ist in unseren Breiten die kälteste und dunkelste Zeit des Jahres. Die Sonne steht nur flach über dem Horizont und die Tage sind kurz. Die Temperaturen können regional auf bis unter −20 °C fallen. Eis und Schnee prägen diese Jahreszeit mehr oder weniger lange und intensiv. Tiere und Pflanzen in unseren Breiten stellen sich darauf ein. Sie gehen in Winterruhe oder Winterschlaf, um der Kälte zu entgehen. Die Lebewesen im Gartenboden verlangsamen ihre Arbeit und verkriechen sich in tiefere Erdschichten. Laubgehölze werfen ihre Blätter ab, die oberirdischen Organe der mehrjährigen Stauden sterben ab. Die Pflanzen stellen ihr Wachstum ein. Der Winter beginnt am 21. Dezember, weil es so im Kalender steht. Es ist der Tag der Wintersonnenwende, mit dem kürzesten Tag und der längsten Nacht. Das ist an jedem Ort zwischen Flensburg und Konstanz so, auch wenn noch nirgendwo Schnee gefallen ist. Dieser astronomische Winter endet am 21. März, wenn Tag und Nacht wieder gleich lang sind. Für die Entstehung der Jahreszeiten ist der Neigungswinkel der Erdachse verantwortlich. Dadurch verändert sich im Lauf des Jahres, in dem die Erde die Sonne einmal umkreist, der Einfallswinkel der Sonnenstrahlen auf die Erdoberfläche. Im Winter fallen sie auf der Nordhalbkugel flacher, im Sommer steiler auf die Erdoberfläche.

Wir verbinden Winter meist mit Schnee. Dann liegt eine weiße Decke über den Beeten.

Die Länge der Tage im Jahresverlauf für Flensburg und Konstanz

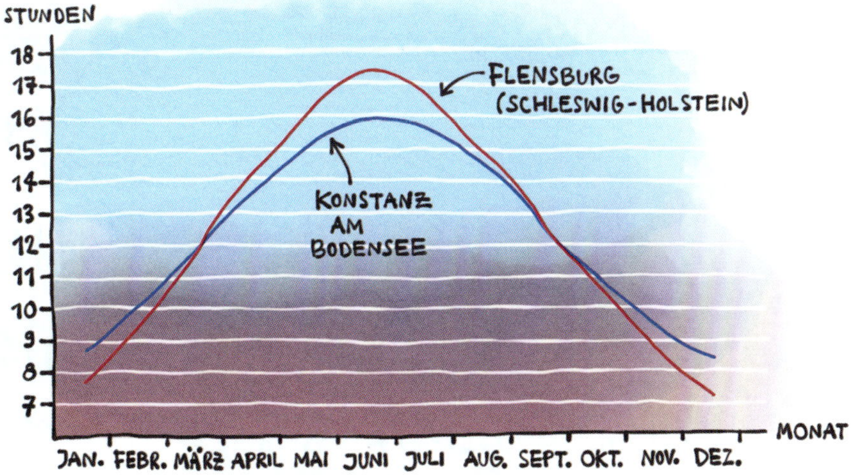

Fragt man die Meteorologen, beginnt für sie der Winter schon am 1. Dezember und geht bis zum 28./29. Februar. Die Meteorologen fassen immer ganze Monate zusammen. Eine Jahreszeit dauert immer drei Monate lang. Diese Zusammenfassung erleichtert die Auswertung klimatologischer Daten und Berechnungen.

> »An Fabian und Sebastian fängt der rechte Winter an.«
>
> Bauernregel zu den kältesten Wintertagen um den 20. Januar

In der Agrarmeteorologie hat man eine andere Jahreszeitenunterteilung entwickelt. Sie befasst sich mit dem Einfluss der Witterung auf die Entwicklung der Pflanzen. Dieser „phänologische Kalender“ legt zehn Jahreszeiten fest. Jede Hauptjahreszeit ist in Vor-, Haupt- und Nachphase unterteilt, nur den Winter gibt es einmal. Diese Jahreszeiten werden nach Entwicklungsstadien bestimmter Pflanzen festgelegt. So beginnt der Vorfrühling, wenn die Haselnüsse blühen. Wenn sich die Blätter der Stiel-Eiche verfärben, setzt der Spätherbst ein. Freiwillige Beobachter liefern in den jeweiligen Regionen die Beobachtungsdaten, die beim Deutschen Wetterdienst zusammengetragen werden. Von Winter spricht man im phänologischen Kalender, wenn von der Stiel-Eiche die Blätter fallen und die Arbeiten auf dem Acker beendet sind. Die Winterphase dauert so lange, bis die Haselnüsse wieder blühen und damit erneut der Vorfrühling anbricht. Die Pflanzen selbst zeigen im phänologischen Kalender die Jahreszeiten an. Die Entwicklung der Pflanzen läuft in jeder Region zeitlich anders ab. An der Entwicklung der Pflanzen können wir ablesen, wann es Zeit für bestimmte Gartenarbeiten ist. Das ist für jede Region anders und lässt sich nicht an einem Datum im Kalender festmachen. Wer einmal mit dieser Naturbeobachtung begonnen hat, entwickelt schnell ein Gefühl für den rechten Zeitpunkt für Gartenarbeiten im eigenen Garten.

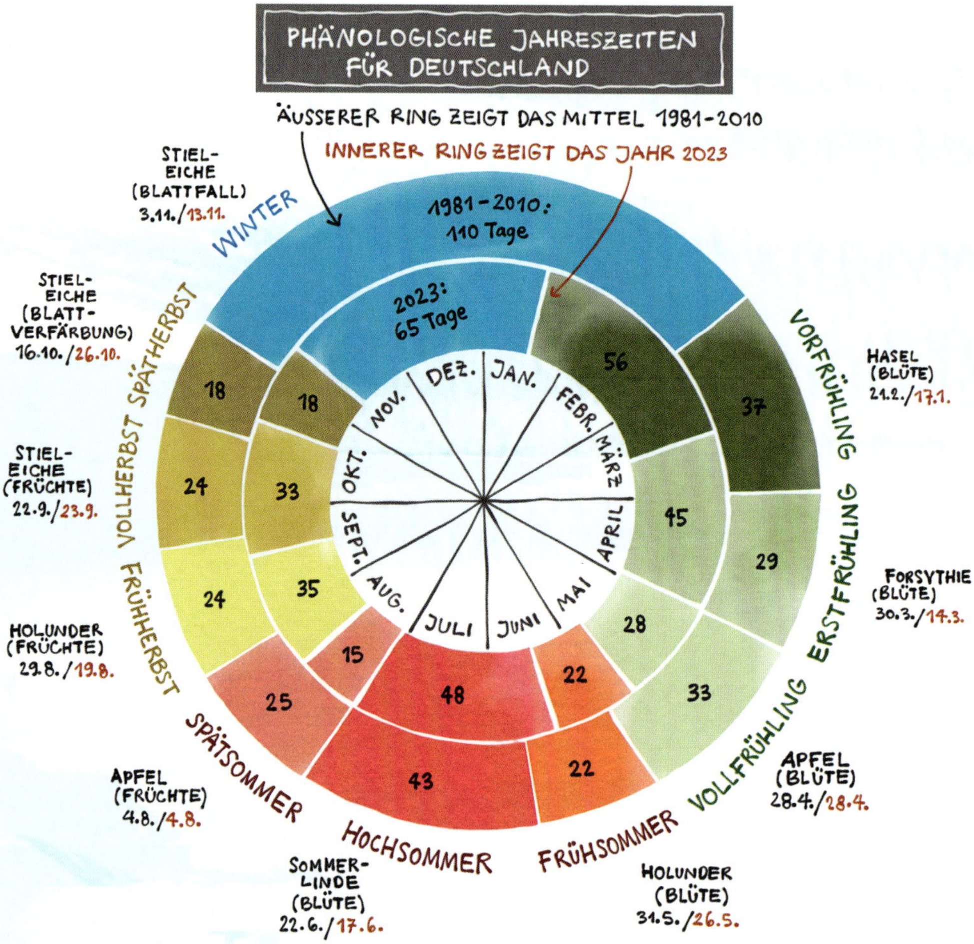

Die Grafik zeigt die Dauer der phänologischen Jahreszeiten.
Der Frühling und der Herbst sind länger, der Winter etwa einen Monat kürzer geworden.

Der phänologische Kalender oder die phänologische Uhr liefert zudem durch seine langjährigen Beobachtungsreihen wertvolle Klimadaten. So kann man an der phänologischen Jahresuhr ablesen, dass es klimatische Veränderungen gibt. Der Herbst dauert fast drei Wochen länger. Der Winter ist um einen ganzen Monat kürzer. Die längere Wachstumsperiode im Herbst wollen wir für den Anbau der coolen Gemüse ausnutzen!

Der Einteilungen noch nicht genug, möchte ich von einem „Gärtner-Winter“ sprechen. Mit dieser Winterdefinition umfasse ich die Zeit von Anfang Oktober bis Anfang März. In dieser Zeit betreten viele Menschen ihren Garten kaum, haben ihn aufgeräumt und mit der Gartenarbeit abgeschlossen. Im Oktober wurden die letzten Zwiebelpflanzen gesetzt. Der Gartenboden liegt braun da, weil die Gemüsebeete abgeräumt und umgegraben sind.

Diese braune Leere reicht bis Anfang März, wenn wir beginnen, den Kompost zu bearbeiten, und erste Aussaaten auf dem Fensterbrett und im Garten vornehmen können. Das sind je nach Region fünf bis sechs Monate, eine für Garten und Küche verlorene Zeit!

Zweck dieses Buches ist, diese verlorene, vergessene Jahreszeit zu verkürzen. Mit etwas Gartenerfahrung und Experimentierfreude können die Gemüsebeete ähnlich gefüllt sein wie im Sommer, nur mit anderem Gemüse. In vielen Regionen gibt es Ende Oktober einige Frosttage, die dem meisten Wintergemüse aber nicht schaden. Meist bekommen wir bis Silvester milde Temperaturen zwischen 5 bis 10 °C. Es soll nicht verschwiegen werden, dass der Anbau von Wintergemüse nicht jedes Jahr gleich gut gelingt und nicht jede der hier beschriebenen Kulturen den Winter immer gut übersteht. Dazu sind die Winter in unseren Regionen zu verschieden und immer noch schwer vorherzusagen. Ab Februar sind die meisten Gemüse geerntet oder so von Frost und Feuchtigkeit strapaziert, dass von ihren Blättern und Wurzeln nicht mehr viel zu gebrauchen ist. Diese leere Zeit können Sie mit dem eingelagerten Gemüse und der Keimlingsanzucht auf der Fensterbank überbrücken. Zudem brauchen wir nur auf den Wochenmarkt zu gehen oder einen Supermarkt zu betreten, um uns mit frischem Gemüse zu versorgen. Ab März stehen wir dann mit den Samentüten in der Hand in den Startlöchern und säen frisches Frühjahrsgemüse aus.

Winterdefinitionen

Astronomischer Winter:
21. Dezember bis 21. März

Meteorologischer Winter:
1. Dezember bis 28./29. Februar

Phänologischer Winter:
Blattfall der Stiel-Eiche bis Blüte der Haselnuss

Gärtnerischer Winter:
Pflanzen der Zwiebelblumen im Herbst und Beete umgraben bis Aussaat der ersten Frühlingssaaten

Die meisten Gemüsegärten sind im Winter leer und braun, das kann sich ändern. Wir schwelgen lieber in üppigen Sommerfotos.

SAISONAL & REGIONAL: BEITRÄGE ZUM KLIMASCHUTZ

Die Regale der Supermärkte sind voll mit frischem Gemüse aus aller Welt. Zu jeder Jahreszeit sieht die Auslage gleich üppig aus, erst der Blick auf das Etikett mit dem Herkunftsland offenbart die Unterschiede.

„Regional" und „saisonal" sind Begriffe, die für uns als Verbraucher immer mehr unsere Kaufentscheidung bestimmen. Eine Definition beider Begriffe bleibt schwierig. Was man unter saisonalem Gemüse versteht, ist noch einfach zu erklären. Ein Gemüse oder Obst hat in der Zeit Saison, in der es in seiner natürlichen Vegetationszeit bei uns ohne Einsatz von Heizenergie kultiviert werden kann. Durch gärtnerische Kulturmaßnahmen wird diese Zeit noch ausgeweitet. Deutlich wird das beim Angebot von heimischem Spargel und Erdbeeren. Wir fiebern auf die Saison hin, feiern den Genuss und Mitte Juli wird

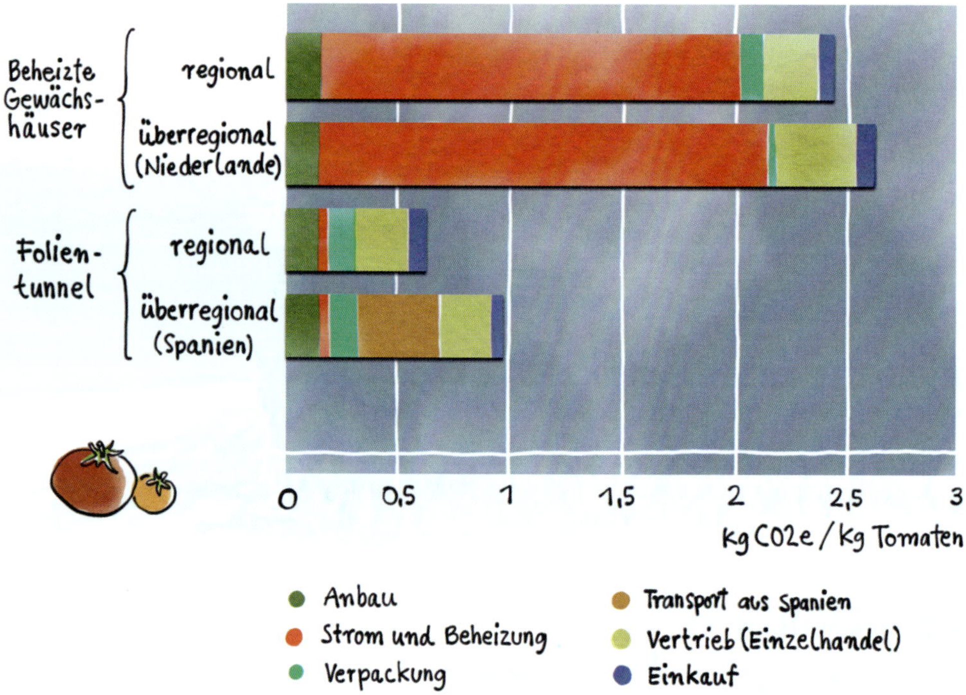

Bei jedem Produktionsprozess entstehen klimarelevante Abgase. In Modellen kann man dies ausrechnen, das ergibt den „CO_2-Fußabdruck" eines Produktes. Für Tomaten berechnet haben im Winter die aus Spanien importierten Früchte trotz der Transportstrecke den kleineren CO_2-Fußabdruck als die in Deutschland im beheizten Gewächshaus produzierten. Aus heimischem Anbau im ungeheizten Gewächshaus gibt es Tomaten nur bis Oktober. Konsequent klimaschonend wäre, im Winter keine Tomaten zu kaufen.

die Spargelernte beendet. Die Erdbeersaison wird durch Pflanzen aus der Kühlung, die später fruchten, und späte Sorten bis in den August gestreckt. Im Spätsommer folgt dann anderes Beerenobst wie Johannisbeeren. Die Verbraucherzentralen bieten sogenannte Saisonkalender für Gemüse und Obst an. In einer Jahresgrafik kann man ablesen, wann die Pflanzen überwiegend aus heimischem Anbau auf dem Markt sind. Je nach Gemüse läuft die Saison über wenige Wochen oder mehrere Monate. Manchem Gemüse wird es im Herbst schlicht zu kalt in deutschen Anbauregionen. Ohne Gewächshaus und Beheizung wäre eine Kultur nicht möglich. Wer in der Küche mit saisonalem Gemüse kocht, erlebt bewusster den Jahresrhythmus und verringert so nebenbei seinen CO_2-Fußabdruck.

»Kirschen rot – Spargel tot«

Traditionell wird am 24. Juni, dem Johannistag, die Spargelernte beendet. Jetzt beginnt die Kirschensaison.

Der Begriff „Regionalität" ist nicht klar definiert. Handel und Märkte haben ihn als Marketingbegriff entdeckt. Der Verbraucher wünscht sich ein größeres Angebot regionaler Lebensmittel. In Umfragen zeigte sich, dass er darunter ein Produkt aus seiner Stadt, seinem Bundesland oder eines Naturraumes (Bodensee-Obst, Alb-Linsen) versteht. Regionalität bedeutet kurze Transportwege, dadurch geringerer Energieverbrauch, Erzeugung in der Nähe des Verbrauchers, erntefrische Gemüse und Arbeitsplätze in der Region. Vielleicht kennt man den Gemüsebauer an seinem Wohnort, das schafft Vertrauen.

Der allerkürzeste Weg führt vom eigenen Garten in die Küche. Der eigene Anbau ist saisonal und regional, hinterlässt den geringsten CO_2-Fußabdruck für das Klima. Wir bestimmen selbst, wie wir kultivieren, ohne Kunstdünger und Pestizide, in rein biologischem Anbau. Das Gemüse wird zum optimalen Reifepunkt geerntet. Jeder Salatkopf, der im eigenen Garten wächst, schützt ein bisschen das Klima. Er wird nicht mit dem LKW auf der Autobahn oder dem Flieger transportiert.

Es muss nicht die komplette Selbstversorgung mit Wintergemüse sein. Jeder pflanzt und gärtnert, soviel er kann, ob im Küchengarten oder auf dem Balkon. Was nicht gelingt, kann vom Markt in der Region zugekauft werden. Wir handeln mit Spaß und Freude, nicht mit schlechtem Gewissen oder aus einer Not heraus, wie noch vielleicht unsere Eltern.

Garten und Küche gehen Hand in Hand. In jeder Region gibt es Spezialitäten und Speisen zu entdecken, eine tolle Vielfalt, wie sie schon bei Tomaten, Äpfeln und Kartoffeln bekannt ist. Alte regionale Sorten sind eine Fundgrube an Aromen und Geschmack. Seien Sie neugierig und experimentieren Sie mit den Gemüsearten. Nicht alle wachsen auf jedem Boden und in jeder Klimazone. Dazu ist Deutschland zu vielgestaltig mit seinen Naturräumen. Ein Anbau ist immer einen Versuch wert!

Tipp

Probieren Sie im Winter die jungen Blattrosetten des Klatschmohns als Salatbeigabe. In Italien gibt es eigene Sorten dafür, sie heißen „Rosola da campo".

WIEDERENTDECKUNG DER WINTERGEMÜSE

Ein Winterkorb voll Gemüse sieht anders aus als ein Erntekorb im Sommer, muss aber nicht weniger üppig ausfallen.

Die Bezeichnung Wintergemüse ist etwas veraltet. Sie hört sich nach karger Kost an und man denkt an wochenlange Grünkohldiät. Dabei sind die Möglichkeiten für den Anbau von Wintergemüse ungeahnt zahlreich und sie überraschen manchen mit ihren intensiven Aromen, die sich von dem wasserreichen Sommergemüse unterscheiden. Ohne Einkauf im Supermarkt und Lieferheld-Apps, ohne Kühlschrank und heizbares Gewächshaus ist der Eigenanbau von Gemüse viel stärker an die Jahreszeiten gebunden. Wer sich für Garten interessiert, liest in den Magazinen ab September, dass der Garten ruht und die Gartengeräte eingeölt in den Schuppen gestellt werden. Der Nutzgarten soll mit Gründüngung eingesät werden.

Im Erntekorb präsentieren sich die frischen Wintergemüse vielfältig und farbenfroh. Blätter, Früchte und Wurzeln bieten intensive Aromen.

Ein volles Beet kurz vor Weihnachten mit Asia-Salat, Winterendivien unter dem Vlies, Palmkohl und Radicchio.

Aber wo Gründünung wächst, kann auch Spinat wachsen. Der kann auch eine Doppelrolle übernehmen und ist für die Küchennutzung und als Gründüngung geeignet.

Wintergemüse sind solche Gemüsearten, die hierzulande vorwiegend im Herbst und Winter geerntet werden. Sie lassen sich zudem über mehrere Monate lagern und sind daher den ganzen Winter über nutzbar. Dazu gehören die Kohlarten, die Wurzelgemüse wie Möhren und Schwarzwurzeln, Zwiebelgemüse wie Porree und auch Blattgemüse wie Spinat und Salate. Alle Wintergemüse vertragen kältere Temperaturen gut, viele sind zudem frosthart. Die Frosthärte umfasst dabei eine weite Temperaturspanne zwischen leichten Frösten bis −5 °C und starkem Frost bis unter −15 °C. Die Gemüsearten unterscheiden sich in ihren Kulturansprüchen und daher müssen wir nachschauen, wie frosthart das Gemüse ist und wie wir es im Winter versorgen sollten. Dieses Wissen ist teilweise schon verlorengegangen und selbst in der Fachliteratur finden sich meist keine Anmerkungen dazu. Dann hilft es nur, eigene Erfahrungen zu sammeln.

Die winterharten Gemüsearten sind entweder schon seit Jahrhunderten bei uns in Kultur oder stammen meist aus Regionen, in denen das Klima mit dem unsrigen vergleichbar ist. Gemüsearten, die aus südländischen Regionen stammen wie Tomaten aus Südamerika oder Gurken aus Indien, vertragen keinen Frost. Sie mussten sich in ihren Herkunftsregionen nicht an kaltes Klima anpassen. Winterportulak, Winterendivien oder Winterspinat tragen ihre Wintertauglichkeit sogar im Namen.

Argumente für den späten Anbau von Gemüse

Die Wintergemüse werden als Nachkultur genutzt. Sie werden erst ab der zweiten Jahreshälfte ausgesät oder gepflanzt. Dann sind die im Frühjahr angepflanzten Gemüse wie Salat, Erbsen oder Frühkartoffeln geerntet und haben Platz im Beet gemacht. So können Sie zweimal von einer Beetfläche ernten.

Einige Gemüse sind als Kulturen im Frühjahr „schossempfindlich". Wenn nach der Aussaat oder als Jungpflanze kühle Temperaturen unter 12 bis 15 °C und länger werdende Tage einwirken, bekommen sie einen Blühreiz. Sie bilden keine Blätter mehr, sondern Blüten und danach Samen. Diesen Vorgang bezeichnet man als Vernalisation. Zu den schossempfindlichen Gemüsen gehören Fenchel, Sellerie und Chinakohl. Diese Gemüsearten werden erst ab Juli ausgesät, wenn die Tage wieder kürzer werden und weder Eisheilige noch Schafskälte zu befürchten sind.

Einige Gemüse sind zum Herbstende ausgewachsen und können nach Bedarf portionsweise geerntet werden. Sie können auch bei Frostgraden im Beet stehen bleiben.

Die Pflanzen wachsen bei Temperaturen unter 10 °C nicht mehr, können aber auf dem Beet „gelagert" werden. So müssen Sie nicht gleich große Einlagerungsaktionen durchführen, denn die Gemüse werden im Beet, eingewachsen auf ihrer eigenen Wurzel, optimal mit Feuchtigkeit versorgt. Lassen Sie diese Gemüse, zu denen Grünkohl, Wirsing, Rote Bete und Pastinaken zählen, je nach Wetter so lange wie möglich im Freien stehen.

Eine andere Gruppe von Wintergemüsen ist noch nicht erntereif, sondern überwintert als Jungpflanze. Die Jungpflanzen haben eine größere Winterhärte als die ausgewachsenen Pflanzen. Mit diesem Überwinterungsanbau verringert sich das „Frühjahrsloch" beim Gemüse, denn diese Arten sind ab April des Folgejahres erntereif. Für den Überwinterungsanbau eignen sich Spinat, Salat oder Wintersteckzwiebeln.

Wichtig ist, dass Sie die geeigneten Sorten verwenden, bei Salat zum Beispiel Wintersalat 'Humil' oder 'Maikönig'. Diese Gemüse wachsen zügig weiter, sobald im Garten die Temperaturen wieder ansteigen und die Tage länger werden.

Ein Beet mit Salat wie im Juni, das Foto wurde aber im November aufgenommen.

Nitrat im Wintergemüse

Nitrat (NO_3) ist eine Stickstoffverbindung, die natürlich im Boden vorkommt und als Pflanzendünger ausgebracht wird. Pflanzen benötigen den Stickstoff, um ihre Proteine für das Wachstum aufzubauen. Je weniger Licht die Pflanzen bekommen, desto langsamer wandelt sich das aufgenommene Nitrat um. Überschüssiges Nitrat wird im Pflanzengewebe gespeichert, wobei sich die Gemüse in der Anreicherung von Nitrat unterscheiden. Blattgemüse wie Rucola, Spinat, Mangold und Salat, aber auch Wurzelgemüse wie Rote Bete können einen höheren Gehalt an Nitrat aufweisen, besonders im Winterhalbjahr. Nitrat an sich ist zwar unbedenklich, kann aber im menschlichen Verdauungstrakt zu Nitrit umgewandelt werden. Das stört den Sauerstofftransport durch die roten Blutkörperchen, was besonders für Säuglinge bedenklich ist. Nitrit wiederum kann im Körper zu Nitrosaminen umgewandelt werden. Stoffe, die sich als krebserregend erwiesen haben. Wegen der gesundheitlichen Bedenken regelt eine EU-Verordnung die Höchstmengen an Nitrat in Lebensmitteln. Für bestimmte Blattgemüse wurden Höchstmengen an Nitrat festgelegt.

Im eigenen Gemüsegarten können Sie mit folgenden Maßnahmen vorsorgen, damit das Gemüse einen geringen Nitratgehalt aufweist:

- → Im Winterhalbjahr Gemüse erst mittags ernten statt morgens
- → Stängel und breite Blattrippen abschneiden, sie enthalten das meiste Nitrat
- → Organisch düngen, im Spätsommer nur reduzierte Düngergaben, nach Bodenprobe
- → Mehr Licht bedeutet weniger Nitrat in den Pflanzen, Freilandanbau bevorzugen vor Gewächshaus
- → Garwasser abschütten, nicht für die Zubereitung verwenden, z. B. bei Spinat

Der Garten als Frischelager

Auf dem Beet steht das Gemüse umsonst und draußen. Es kostet keinen Strom, es aufzubewahren, wie etwa in der Kühltruhe. Deshalb ist Wintergemüseanbau aktiver Klimaschutz. Unter 10 °C gibt es bei den Pflanzen praktisch kein Wachstum mehr, sie stehen. Mit den Wurzeln im Boden ist ihre Wasserversorgung gesichert, und sie bleiben frisch. Wir können sie nach Bedarf nach und nach abernten. Die Ernteschwemme, die zu wahren Küchenschlachten bei der Verarbeitung führt, bleibt aus oder wird zumindest gestreckt. Im Sommer sind innerhalb einer Woche alle 20 Salatköpfe reif und man weiß nicht, wohin mit ihnen. Die Salate im Herbst wachsen langsamer und es besteht fast keine Gefahr des Schossens. Das ist entspanntes „Slow Gardening“.

Für mich zählt auch der frische Geschmack der Wintergemüse. Nicht jedes Gemüse behält nach dem Einfrieren oder Einkochen seinen knackigen Biss und sein typisches Aroma. Es lagert besser in einer Erdkuhle oder einem Erdkeller. Wer intensiv wintergärtnert, für den lohnt sich der Bau eines Erdkellers. Dieser begehbare Lagerraum klimatisiert sich selbst, die erdfeuchte Luft hält Gemüse und Obst mehrere Monate frisch, ohne Energie zu verbrauchen. Ein Erdkeller eignet sich übrigens auch als Weinkeller.

Im Erdkeller bei konstanter Temperatur und natürlicher Feuchte halten sich Gemüse und Obst lange frisch. Gemüse und Früchte werden in Regalen oder Kisten mit feuchtem Sand eingelegt. Diese Art der Aufbewahrung kostet keine Energie.

WINTERHÄRTE DER GEMÜSE

Wer meint, er könnte die Winterhärte der verschiedenen Gemüsearten einfach in Grad Celsius in einer Tabelle nachschlagen, liegt leider daneben. Die Winterhärte einer Pflanze wird von vielen Faktoren beeinflusst, wie dem Standort, Kleinklima, Alter der Pflanze, Gesundheit und Nährstoffversorgung. Nicht einmal in der Fachliteratur für den Erwerbsgartenbau gibt es verlässliche Daten zur Winterhärte der verschiedenen Gemüsearten. Da helfen nur eigene Anbauexperimente.

Pflanzenzellen mit Frostschutz

Soll man im August noch Gemüse aussäen oder pflanzen, obwohl die Tage kürzer und kälter werden? Allein die Bodentemperatur liegt höher als im Frühjahr, der Boden kühlt erst langsam aus und ist im Herbst noch der Motor für das Wachstum. Eine einzelne Frostnacht im Oktober kann für einige Gemüsekulturen den kalten Tod bedeuten. Wasser gefriert nun mal bei 0 °C und das pflanzliche Gewebe ist sehr wasserreich.

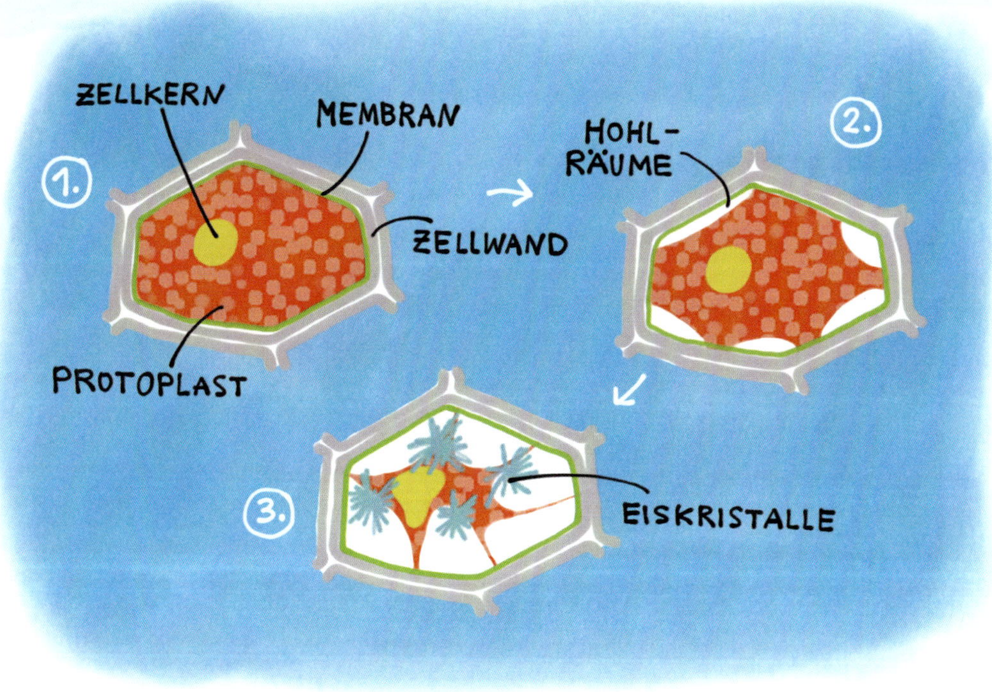

Die Zelle schützt sich bei Temperaturen unter 0 °C, indem sie die Konzentration des Zellsaftes erhöht. Wasser wird durch die Zellmembran ausgeschieden, das Zellplasma schrumpft. Bei starkem Frost schrumpft es stärker zusammen und es bilden sich Eiskristalle in der Zelle. Sie zerstören die empfindlichen Membranen und Zellorganellen, der sichere Tod der Zelle.

Blätter und Früchte bestehen zu 85 bis 97 % aus Wasser. Bilden sich in den Zellen Eiskristalle, zerstören sie das Gewebe und sprengen die Zellwände. Nach dem Auftauen sehen die Pflanzen glasig und matschig aus. So zerstörte Blätter regenerieren auch nicht mehr. Aber Pflanzen können sich vor Frost schützen. Wenn sie in die kühlere Jahreszeit hineinwachsen, härten sie sich sozusagen selbst ab. Am besten bekommt es ihnen, wenn es im Herbst nach und nach kühler wird. Als Frostschutz lagern die Pflanzen Zucker und Proteine in die Zellen ein. Das sind natürliche Frostschutzmittel und der Gefrierpunkt wird herabgesetzt. Zerstörerisch wirken Temperaturen, die stark zwischen Frost und Plusgraden schwanken, wie sie im ausgehenden Winter häufig im Januar / Februar auftreten können. Jeder kennt die Schäden, die ein Spätfrost im Mai auf jung ausgetriebenes Laub und Obstblüten hat.

Bis der Frost in den Boden eindringt, muss es mehrere Tage lang frieren. Wurzeln und Knollen von Gemüse bleiben daher länger vom Frost verschont. Möhrenwurzeln sind frostempfindlicher als Pastinaken und Topinambur. Jeder Gärtner muss in seiner Region selbst abschätzen, wie lange er die Wurzelgemüse im Beet stehen lässt oder doch besser herausnimmt und einlagert. Kommen Sie mit der Spatengabel nicht mehr in den gefrorenen Boden, ist die frische Winterernte auch beendet.

Frosthärte düngen

Rosenfreunde kennen das Problem: Durch eine späte Düngung reifen die Triebe der Rosen nicht aus und sind deshalb frostempfindlicher. Das gilt auch für Gemüse. In den Gemüseporträts empfehle ich, den Starkzehrern zum Anbaustart im Spätsommer eine Portion Kompost zu geben. Schließlich müssen diese Pflanzen bis zum Winter noch viel Blattmasse bilden. Für eine erfolgreiche Winterkultur sollten Sie gut abschätzen, wie viel, besser wenig Dünger, Sie noch geben wollen. Nehmen Sie statt mineralischen organische Dünger, ihre Nährstoffe werden nach und nach bei der Umsetzung durch die Bodenlebewesen freigesetzt. Wachsen die Pflanzen zu „mastig“ und schnell, bilden sie weiches, wasserreiches Pflanzengewebe, dessen Frosthärte gering ist. Nicht ausgereiftes Gemüse bleibt nicht gut lagerfähig.

Für die Winterhärte ist der Nährstoff Kalium wichtiger als Stickstoff. Kalium reguliert den Wasserhaushalt der Pflanze und wirkt sich positiv auf die Frosthärte aus. Weniger Dünger, der kalibetont und nicht stickstoffreich ist, kann also mehr sein, auch wenn die Kohlköpfe dann nicht rekordverdächtig groß werden. Als Einnährstoffdünger kommt Patentkali, auch als Kalimagnesia bezeichnet, infrage. Er enthält außer Kali noch Magnesium und Schwefel, aber keinen Stickstoff und Phosphor, mit dem die Gartenböden meist gut versorgt sind. Beinwellblätter sind reich an Kalium und versorgen, als Jauche angesetzt und 1:10 verdünnt an die Pflanzen gegossen, die Pflanzen ebenfalls mit einer Extraportion des Nährstoffes.

Tipp

Lassen Sie alle 3 Jahre eine Bodenprobe von Ihren Gemüsebeeten untersuchen. Sie gibt Aufschluss über die Nährstoffgehalte und eine Düngeempfehlung.

Besser als ein Thermometer zeigt das Franzosenkraut an, wann es zum ersten Mal im Garten gefroren hat. Auch die erfrorenen Blätter der Dahlien zeigen, dass es unter 0 °C war.

Frost und Geschmack

Wenn die Herbsttage kühler werden und sich das Pflanzenwachstum verlangsamt, führt das zu einer Abhärtung der Gemüsepflanzen. Bei Salat bleiben die Köpfe kompakt, die Blätter dadurch knackig saftig. Bei Grünkohl sagt man, er soll vor der Ernte Frost abbekommen haben, dann schmeckt er besser. Tatsächlich erhöhen kühle Nächte den Zuckergehalt der Blätter. In der kühleren Jahreszeit verlangsamt sich der Stoffwechsel der Kohlpflanzen, der Zucker wird nicht mehr oder nur langsam abgebaut. Dazu reichen kühle Temperaturen, Sie müssen nicht auf Frost unter 0 °C warten, um den ersten Grünkohl zu ernten. Auch Möhren schmecken im Herbst süßer und intensiver als im Frühjahr. Wintergemüse aus dem Frühbeet oder dem Gewächshaus hat dagegen oft zarte, weiche Blätter. Im geschützten Raum sind die Temperaturen ein paar Grad höher, sie sind nicht der Witterung ausgesetzt und „verweichlicht“.

Das regionale Klima entscheidet

Mein Garten liegt am Rande der Münsterländer Tiefebene in Norddeutschland. Wir liegen auf etwa 150 Meter über N. N. vor dem Teutoburger Wald. Auf der Karte der Winterhärtezonen in Deutschland erhält unsere Region die Ziffer 7b mit einer durchschnittlichen kältesten Jahrestemperatur zwischen −12,3 bis −14,9 °C Lufttemperatur. Es ist aber noch keine Mittelgebirgslage. Vor 20 Jahren war der Kamm des Teutoburger Waldes noch schneesicher. Seit 10 Jahren gab es fast keine Schneedecke im Winter, stattdessen Kahlfröste zwischen −10 und −18 °C. Es häufen sich „englische Winter“ mit Schmuddelwetter und Temperaturen von +5 °C im Januar. Der Garten ist nach Südwesten ausgerichtet.

Ich schildere meine Erfahrungen mit den Gemüsekulturen in meinem Garten. In anderen Regionen werden Sie mit bestimmten Gemüsekulturen andere Erfahrungen machen und müssen sich bei der Auswahl der Gemüsearten nach Ihrem regionalen Klima richten. Aber Sie können das Kleinklima im Garten beeinflussen: Für den späten Anbau von Gemüse wähle ich ein Beet aus, das auch im Winter noch die Strahlen der tiefstehenden Sonne abbekommt. Heckenriegel halten den kalten Ostwind ab. Küchengärten waren früher häufig von Mauern umgeben, die die Wärme speichern. Beobachten Sie, in welcher Gartenecke sich Raureif hält oder wo der Schnee zuerst schmilzt. Kalte Luft fließt und sammelt sich in Senken und Tälern. Solche Stellen eignen sich nicht für ein Beet mit Wintergemüse.

Eine Schneedecke auf dem Wintergemüse wirkt wie eine wärmende Decke, denn die zwischen den Flocken eingeschlossene Luft wirkt isolierend. Haben Sie vorher das Gemüse mit einem Vlies abgedeckt, erleichtert das die weitere Ernte, ohne dass Sie die Pflanzen aus dem Schnee wühlen müssen. In schneereichen Regionen hat sich der Aufbau von Folientunneln bewährt (siehe Seite 35).

Winterhärtezonen in Deutschland

Die Klimazoneneinteilung wurde ursprünglich für die USA erstellt. Nach diesem Muster wurde eine Karte für Deutschland entwickelt: Insgesamt gibt es 12 Zonen mit der Unterteilung in a und b. In Deutschland reichen die Zonen von 6a (von −23,3 bis −20,6 °C) in den Alpen bis 8b (von −9,4 bis −6,7 °C) an der Küste.

Zone	6a	6b	7a	7b	8a	8b
Temperatur in °C	-23,3 bis -20,5	-20,4 bis -17,8	-17,7 bis -15,0	-14,9 bis -12,3	-12,2 bis -9,5	-9,4 bis -6,7

AUF DIE SORTE KOMMT ES AN

Bei den Gemüseporträts finden Sie die Beschreibung der Kultur für die jeweilige Gemüseart, ergänzt durch die Sortenempfehlungen. In der Sorte liegt der Unterschied, ob sie sich für den Frühjahrs-, Sommer- oder Herbstanbau eignet. Die Wahl der richtigen Sorte entscheidet mit über den erfolgreichen Anbau einer Gemüseart. Das vorherige Studieren der bunten Samentüte zu den empfohlenen Aussaatzeiten lohnt sich also.

Ein „Ostergruß" im Herbst: Die schnellwachsende Rettichsorte eignet sich als Frühsorte und ebenso für den späten Anbau.

Botanisch gesehen stellt eine Sorte eine Unterabteilung zur Pflanzenart dar, beschrieben mit einem Sortennamen, der in einfache Anführungsstriche gesetzt wird. Sorten gibt es nicht in der Natur, sie entstehen erst durch die Arbeit des Pflanzenzüchters, durch Auslese und Kreuzungsarbeit. Sorten unterscheiden sich von ihren Wildformen durch für die Sorte typische Merkmale. Die Pflanzen einer Sorte sind untereinander in ihren Eigenschaften wie Fruchtfarbe, Blattform, Pflanzenhöhe ähnlich und behalten diese Eigenschaften auch nach der Vermehrung. Die Sorten sind mit ihrem Sortennamen amtlich bei den Bundes- oder EU-Sortenämtern registriert.

Winterhärte wird vererbt

Wie die sichtbaren Pflanzenmerkmale vererben sich auch physiologische Merkmale wie Winterhärte, Dürreresistenz oder Salzverträglichkeit. Pflanzenzüchter müssen diese komplex vererbten Eigenschaften immer im Blick haben. So hat sich herausgestellt, dass Porree-Sorten, die für den Anbau in Deutschland in der milden Po-Ebene in Italien vermehrt wurden, eine geringere Frosthärte aufwiesen. Die Pflanzen wurden nicht durch die Winterkälte selektiert, so wie es bei einem Anbau unter deutschen Klimaverhältnissen stattgefunden hätte. Das spricht dafür, das Saatgut bei solchen Erzeugern zu kaufen, die ihr Saatgut in

Deutschland vermehren, statt den Saatgutanbau nach Nordamerika oder Neuseeland zu verlagern.

Ein Blick auf die Samentüte lohnt sich, mit Text und Icons wird die ganze Kultur erklärt. Bei einigen Gemüsearten wird zwischen Früh- und Spätsorten unterschieden. Frühe Sorten wachsen schnell, sie haben von der Aussaat bis zur Ernte eine kurze Entwicklungszeit. Sie werden im Frühjahr ausgesät, eignen sich aber wegen der kurzen Entwicklungszeit auch für die Aussaat im Sommer und für die Ernte im Herbst, um sie dann frisch zu verbrauchen.

Späte Sorten haben eine lange Wachstumsdauer und ihre Erträge sind meist höher. Spät reifende Wurzelgemüse zeichnen sich durch festes Fleisch aus. Späte Sorten, auch bei Kohlsorten, werden ausgereift geerntet und lassen sich sehr gut einlagern. Frühe Sorten eignen sich meist nicht, um sie länger zu lagern.

Tipp

Frühe Sorten: schnelles Wachstum, kurze Entwicklungszeit, Frischverzehr

Späte Sorten: langsames Wachstum, lange Entwicklungszeit, einlagern

Spezielle Wintersorten

Manche Sorte trägt die Eignung für den Winteranbau schon im Namen, wie der Porree 'Blaugrüner Winter', der Grünkohl 'Winterbor' oder 'Marner Lagerweiß' als lagerfähiger Weißkohl. Der Rettich 'Ostergruß' kann, anders als der Name vermuten lässt, wegen seiner kurzen Kulturzeit sowohl im Frühjahr als auch im Herbst angebaut

Die spezielle Wintersalatsorte 'Wintermarie' überwintert als junge Pflanze, um im Frühjahr weiterzuwachsen. Geerntet wird dann im April.

werden. Bei Möhrensorten schwankt die Entwicklungszeit von der Aussaat bis zur Ernte zwischen 90 und 150 Tagen. Wenn im Herbst jeder Tag zählt, dann ist die Sortenwahl entscheidend für den Kulturerfolg.

Es lohnt, bei alten Sorten nach spezieller Wintereignung zu schauen. Vor 1950 zugelassene Sorten wurden häufig noch im Freiland angebaut, ohne Schutz von Gewächshäusern. Daher war die Eignung für den Winteranbau ein wichtiges Merkmal. Doch das Wissen um diese Anbaupraxis geht leider auch verloren. Bei Salat gab es spezielle Wintersalatsorten, die bis vor Kurzem verschwunden waren. Inzwischen gibt es aber für den Anbau im Hausgarten wieder Saatgut von Wintersalatsorten.

WINTERGEMÜSE

SO GEHT'S

Es mag Ihnen komisch vorkommen, in der wärmsten Jahreszeit die Samentüten hervorzuholen. Aber das ist der Anfang für das Wintergemüse-Gärtnern.

AUSSAAT- UND PFLANZTERMINE

Die Wintersonne steht tief und oft werfen Bäume Schatten auf das Beet. Das Wintergemüse bevorzugt allerdings möglichst sonnige Beetteile.

Das wichtigste beim Wintergemüse bleibt zweifelsfrei, die Aussaat nicht zu vergessen. Meist wird der Zeitpunkt verpasst, weil es für viele ungewöhnlich ist, im Juli und August noch einmal zu den Samentüten zu greifen. Stellen Sie sich das Saatgut in einer Schachtel oder in einem schönen Karton parat und stecken Sie die einzelnen Gemüsearten hinter eine Karteikarte mit dem Aussaatmonat. So vergessen Sie kein Gemüse! Mehrfach nachgesäte Arten wie Radieschen wandern immer einen Monat weiter. Von manchem Wintergemüse wie Endivien, Kohlrabi und Grünkohl bieten Gärtnereien mittlerweile Jungpflanzen an. So ersparen Sie sich die 2 Wochen Keimlingsanzucht. Alle Wurzelgemüse wie Möhren, Pastinaken oder Rote Bete werden direkt in Reihen ins Beet gesät. Im Gemüsebeet gibt es freie Flächen, denn Erbsen, Dicke Bohnen und Frühkartoffeln sind ab Juli geerntet. Die Beetflächen sind schnell vorbereitet: einmal durchlockern mit dem Sauzahn, je nach Nährstoffbedarf der Kultur 3 bis 5 Liter Kompost pro Quadratmeter als organischen Dünger ausstreuen und flach einharken. Nicht vergessen, weniger ist hier mehr, denn von einer Frühjahrsdüngung sind noch Nährstoffe im Boden vorhanden. Der Boden speichert noch die Sommerwärme und die Samen keimen schneller als im Frühjahr, wenn der Boden noch kalt ist. Problematisch kann im Spätsommer eine anhaltende Trockenheit werden. Vor der Aussaat oder Pflanzung wird das Beet dann durchdringend gewässert und durchgeharkt. Bessere Bedingungen liegen nach einem Sommerregen vor, der den Boden einige Zentimeter durchfeuchtet. Bei zu großer Sommerhitze über 30 °C warten Sie mit der Aussaat lieber noch ab, bis die Hitzewelle vorbei ist.

Tipp

Juli und August sind die wichtigsten Aussaatmonate für Wintergemüse.

Für die Vorkultur im Beet legen Sie sich im Schatten ein kleines Anzuchtbeet an. Hier können Pflanzen wie Porree oder Radicchio wachsen, bis der Platz auf dem Gemüsebeet frei wird. Bei der Aussaat in Anzuchtschalen sind Sie unabhängiger und behalten Ihre Keimlinge besser im Blick. Außerdem lassen sich die Aussaatschalen einfacher gießen.

Es ist günstiger, wenn Sie die Gemüse nicht zu eng auspflanzen. Auch wenn manche Gemüse nicht so üppig wachsen wie im Frühjahr, können sie das Licht der kürzer werdenden Tage besser ausnutzen, wenn sie etwas weiter auseinanderstehen. Zudem trocknen die lockeren Gemüsereihen nach Regen besser ab. Das beugt Pilzerkrankungen vor, die im Herbst schon mal die Blätter faulen lassen. Den offenen Boden zwischen den Pflanzen bedecken Sie mit Mulchmaterial, es verhindert die Keimung der Unkrautsamen und hält den Boden feucht. Die Schicht aus Laub, Rasenschnitt oder Stroh hilft im Winter zweifach, es schützt den Boden und die Pflanzen auch vor den ersten Minusgraden. Die Aussaat- und Erntezeiten bei den einzelnen Gemüseporträts sind Eckpunkte, die je nach Region variieren.

Slow Gardening

Wer seine Gartenfläche nicht ganz mit Wintergemüse bepflanzen möchte, kann die freien Flächen mit einer Gründüngungsmischung einsäen. Am besten sind Mischungen, die Lupinen, Bienenfreund (*Phacelia*), Klee, Serradella oder Buchweizen ohne Senf oder Raps enthalten, damit nicht wieder Pflanzen aus der Familie der Kreuzblütler dabei sind. Viele der Wintergemüse gehören zu den Kreuzblütlern, die alle anfällig sind für den Erreger der Kohlhernie, dessen Sporen im Boden überdauern.

In den Sommermonaten Juli und August werden Sie bei Trockenheit noch häufiger zur Gießkanne greifen. Um zu verhindern, dass die Blätter bei Nässe faulen, gießen Sie am besten immer auf den Boden an die Wurzeln und beregnen die Pflanzen nicht über den Kopf. Ab September gibt es meist ausreichend Regen und die Verdunstung ist geringer, sodass wir uns um die Wasserversorgung nicht weiter kümmern müssen.

Wenn das Gemüse langsamer wächst, dann wächst das Unkraut ebenfalls langsamer. Das Wintergemüse soll nicht vom Unkraut überwachsen werden, denn es steht in Konkurrenz um Licht, Wasser und Nährstoffe. Im Herbst ist aber deutlich weniger zu jäten als im Frühjahrsgarten. Der Anbau von Wintergemüse ist wesentlich entspannter als der Frühjahrsanbau, im wahrsten Sinne ein „Slow Gardening“!

Das einjährige Gras Poa annua wächst genau wie der Feldsalat gerne bei kühlerem Wetter.

FRUCHTWECHSEL

Im Gemüsegarten sollten Sie mit den Gemüsekulturen unbedingt einen Fruchtwechsel einhalten. Er zählt zu den wichtigen vorbeugenden Maßnahmen gegen Krankheiten und Schädlinge. Besonders Erreger, die im Boden überdauern, werden durch Fruchtfolgemaßnahmen reduziert bzw. treten erst gar nicht auf. Eine Faustregel ist, dass das Gemüse der gleichen Art nicht auf der gleichen Stelle im Beet folgen soll. Das gilt ebenso für Gemüse, das zur gleichen Pflanzenfamilie gehört. Deshalb ist bei den Gemüseporträts immer die Zugehörigkeit zur Pflanzenfamilie angegeben. Die Kohlfamilie, Brassicaceae, ist bei den Wintergemüsen sehr häufig vertreten. Dazu gehören die großen Kohlarten, aber auch Radieschen und Rucola. Zahlreiche Schädlinge haben sich auf die Kohlfamilie spezialisiert, Kohlweißlingsraupen, Kohlblattläuse und der Erreger der Kohlhernie. Der Erreger kann mit seinen hartschaligen mikroskopisch kleinen Sporen über 10 Jahre im Boden überdauern. Pflanzen der gleichen Pflanzenfamilie sollten nur alle 4 Jahre wieder auf dem gleichen Beet stehen. Mit der Einteilung des Gartens in vier Gemüsequartiere fällt es leicht, das Wechseln der Beete einzuhalten. Ein eigener Beetplan im Gartentagebuch oder Gartenkalender erinnert daran, welches Gemüse wo gestanden hat.

Eine Mischkultur ergibt sich in den heutigen Gemüsegärten oft automatisch. Meist werden pro Gemüseart nur ein bis zwei Reihen gesetzt. In manchen Gärten stehen auch Sommerblumen zwischen den Gemüsepflanzen. Das ergibt auf dem Beet eine bunte Mischung an Gemüse aus den unterschiedlichsten Pflanzenfamilien. „Kohlgärten“, in denen früher nur Grünkohl als Monokultur auf einer größeren Fläche Reihe an Reihe stand, gibt es heute meist nicht mehr.

Kohlpflanzen nehmen im Herbst und Winter meistens eine große Fläche im Gemüsegarten ein. Zur gleichen Pflanzenfamilie gehören noch Radieschen, Rettich, Rucola und viele mehr. Das ist beim Fruchtwechsel zu beachten.

HILFSMITTEL GEGEN KÄLTE UND FROST

Der erste Frost kommt meist unverhofft und dauert nur eine Nacht. Er kann unser Wintergemüse mit einer Temperatur von −1 bis −3 °C aber empfindlich schädigen. Gefrieren und Auftauen im Wechsel bedeutet für die Pflanzen Stress. Wer sein Gemüse in den Frostnächten davor schützen möchte, gibt ihnen eine wärmende Decke, dies kann ein Vlies sein, eine Folie oder eine schöne Glasglocke.

Unter die Glocke passt gerade eine Pflanze. Tagsüber nehmen Sie die Glocken zum Lüften ab oder kippen sie seitlich.

Glasglocken

Vor den Zeiten von Plastik gab es für den Garten mundgeblasene Glasglocken. Sie sind praktisch und echte Schmuckstücke für den Garten. Die Glocke wirkt wie ein kleines Gewächshaus für die einzelne Pflanze. Je nach Größe passen sie für einen Salatkopf oder eine junge Kohlpflanze. Um viele Pflanzen abzudecken, benötigen Sie daher viele der zerbrechlichen Glasglocken. Nach einer Frostnacht werden die Glasglocken beim Gartenrundgang morgens wieder abgenommen und neben die Pflanze gestellt, denn der kleine Luftraum unter der Glocke erhitzt sich tagsüber schnell. Sollen sie tagsüber an kühlen sonnigen Tagen über der Pflanze stehen bleiben, kippt man sie für den Luftaustausch durch ein untergelegtes Holzstück schräg an. Große Kunststoffflaschen, die Sie in der Mitte quer durchschneiden, können als Upcycling-Material den gleichen Zweck erfüllen.

Vlies und Folienabdeckung

Wenn der Wetterbericht kühlere Nächte vorhersagt, liegt ein Gartenvlies bei mir immer griffbereit. Mit dem Vlies können die Gemüsereihen flächig abgedeckt werden. Im Handel werden sie als Wachstums- oder Ernteschutzvliese bezeichnet. Gängige Maße sind 1,50 × 10 m mit einer Stärke von 17 bis 30 g/qm. Andere Maße können Sie sich mit der Schere zurechtschneiden. Die dickeren Wintervliese mit 60 g/qm sind für den Winterschutz von Kübelpflanzen gedacht. Das weiße Vlies besteht aus faserigem Polypropylen, ist wasser- und lichtdurchlässig

Der hohe Folientunnel lässt den Pflanzen viel Luft zum Wachsen. An sonnigen Tagen und zum Gießen können Sie die Folie einfach über die Bögen nach oben schieben.

und hält kalten Wind und Schädlinge ab. Es liegt direkt auf den Pflanzen auf, unter dem Vlies ergibt sich durch die windberuhigte Zone eine Temperaturerhöhung von 1 bis 2 °C. Doppelt gelegt schützt es noch gegen 1 bis 2 °C tiefere Temperaturen. Tagsüber nehmen Sie das Vlies von den Pflanzen ab. Es lässt sich 1 bis 2 Jahre verwenden, dann wird das Material durch UV-Einwirkung rissig.

Ein Folientunnel verschafft den Pflanzen mehr Raum. Je nach Höhe der stützenden Metallbögen liegt seine Höhe zwischen 40 bis 60 cm. In Garten- und Baumärkten werden fertige Bausätze mit Folie, Bögen und Klammern angeboten, einen einfachen Folientunnel können Sie aber auch selbst bauen. Dazu legen Sie eine Polyethylenfolie über Metallbögen, die Sie im Abstand von etwa 50 cm in den Boden stecken. Die Folie wird an den Bögen mit Wäscheklammern befestigt, am Boden mit Erde beschwert oder mit Zeltheringen bzw. Erdankern befestigt. Das Aufstellen eines Folientunnels ist nicht aufwendig, er ist mobil, kann versetzt oder wieder abgebaut werden. Die Folie bietet den Pflanzen Schutz wie ein niedriges Gewächshaus. Sie hält Kälte und Schneelast von den Pflanzen ab. Je nach Breite des Tunnels kann er zwei bis drei Gemüsereihen überspannen. Zum Pflanzen, Pflegen, Lüften und Gießen der Gemüse schieben Sie auf einer Seite die Folie nach oben. Die UV-stabilisierten Folien halten etwa 3 bis 5 Jahre.

WINTERGEMÜSE IM FRÜHBEET

Es heißt zwar Frühbeet, leistet aber auch gute Dienste im Wintergemüsegarten. Im Gegensatz zum Folientunnel besteht das Frühbeet aus einem festen Kasten. Der wird auf das Beet gesetzt und mit Fenstern abgedeckt. Der Rahmen sollte eine Höhe von 30 bis 50 cm haben, damit auch höheren Pflanzen genügend Platz bis zur Abdeckscheibe bleibt. Nah unter dem Glas besteht für die Blätter Verbrennungsgefahr. Der niedrige Raum erwärmt sich schnell und Kondenswasser muss abgeführt werden. Deshalb werden tagsüber die Fenster aufgestellt oder abgenommen. Als Baumaterial kommt Holz oder Kunststoff infrage. Lärche oder Douglasie sind witterungsbeständiger als Fichtenbretter. Beliebt sind die Paletten-Aufsetzrahmen aus Holz. Dazu benötigen Sie Vierkanthölzer für die Eckpunkte. Ein gemauertes Frühbeet aus Ziegelsteinen hat den Nachteil, dass es nicht versetzt werden kann. Länge und Breite der Rahmenkonstruktion richten sich nach den Fenstermaßen. Alte Frühbeetfenster aus der Gärtnerei sind 80 bis 100 cm breit und 150 cm lang. Manchmal bekommt man alte Fenster aus Abrisshäusern und kann diese einbauen. Als Abdeckung können Glasscheiben oder Stegdoppelplatten aus Polycarbonat dienen. Stegdoppelplatten, die es im Gewächshaushandel gibt, isolieren besser gegen Kälte als Glasscheiben. Die einfachste Bauweise besteht aus einem mit Gewächshausfolie bespannten Holzrahmen. Die Kastenvorderseite bauen Sie 5 cm tiefer als die Rückwand. So wird die Winter- und Frühjahrssonne eingefangen und das Regenwasser läuft von der Scheibe ab. Dann stellen Sie den Kasten in Ost-West-Richtung auf, um die Strahlen der tief stehenden Winter- und Frühlingssonne einzufangen.

Kasten aus sägerauen Holzlatten, 2 cm dick, unbehandelt. Die Länge und Breite des Holzkastens richtet sich nach den Fenstermaßen. An der Rück- und Vorderfront angenagelte Holzklötze verbreitern die Auflagefläche für die Fenster.

Ein Frühbeet aus Holz mit Abdeckungen aus Stegdoppelplatten.

Ein Frühbeet ist vielseitig nutzbar. Im Sommer können Sie hier geschützt die Aussaaten der Wintergemüse machen, später Salate und niedrig wachsende Wintergemüsekulturen pflanzen. Gegen stärkeren Frost schützt eine Auflage von Stroh- oder Schilfmatten auf den Fenstern. Sie verringern die nächtliche Wärmeabstrahlung durch die Fensterflächen. Am Tag müssen Sie die Matten jedoch wieder abrollen, um Sonnenlicht in den Kasten zu lassen.

Ein leerer Kasten kann zu einem Gemüselager umfunktioniert werden. Im Frühjahr starten im Kasten die ersten Frühlingsaussaaten. Und das alles nur geheizt mit Sonnenenergie!

Bodenheizung mit Mist

Wer seinen Pflanzen eine Fußbodenheizung gönnen möchte, bringt zusätzlich eine Schicht Pferdemist in den Boden ein. Wer Pferdehalter kennt, kann sich meist gerne ein paar Schubkarren Pferdeäpfel abholen. Fragen Sie vorher, wie die Pferde gehalten und wie die Weiden gepflegt werden, um sicher zu sein, dass keine pflanzenschädlichen Stoffe im Mist enthalten sind. Im Rahmen des Frühbeetes heben Sie die Erde etwa 50 cm tief aus und bringen darin den Pferdemist ein und treten ihn fest. Fest gepackt sollte die Schicht etwa 30 cm dick sein. Darauf wird wieder 30 cm Gartenerde geschichtet. Der Mist enthält mit etwa 0,5 % Stickstoff (N), 0,35 % Phosphat (P) und 9,5 % Kalium (K) relativ wenige Nährstoffe. Er soll die Pflanzen in erster Linie nicht düngen, sondern beheizen. Pferdemist gilt als „warmer Mist“: Durch die Umsetzung durch Mikroorganismen entsteht Wärme, die den Boden erwärmt und das Wachstum der Pflanzenwurzeln fördert. Die Wärmenachlieferung hält für etwa 6 bis 8 Wochen an. Damit die Bodenwärme dem Wintergemüse nutzt, sollte so ein „warmer Kasten“ ab September aufgebaut werden. Der Gartenboden ist im Herbst noch lange warm, anders als im Frühjahr, da macht diese Art der Bodenheizung mehr Sinn.

WINTERGEMÜSE IM HOCHBEET

Seit über 10 Jahren halten Hochbeete Einzug in die Gärten. Sie bieten eine praktische Arbeitshöhe und übersichtliche Beetfläche, die jeder auch noch nach Feierabend pflegen kann. Mit einem Hochbeet kommen auch Stadtgärtner ohne Gartenfläche in den Genuss des Gemüseanbaues, denn es kann auch auf befestigten Flächen stehen. Wer vor dem Bau des Hochbeetes weiß, dass er vorwiegend Gemüse darauf anbaut und das auch bis in den Winter, sollte den Aufstellungsort besonders gut überlegen. Einmal aufgestellt, lässt sich ein Hochbeet nicht so leicht umstellen. Also halten Sie erst im Garten nach Orten Ausschau, die auch im Winter gut besonnt sind und nicht von großen Bäumen, Nachbarhäusern oder Hecken dauerhaft beschattet werden. Eine windgeschützte Ecke in der Nähe des Hauses ist ideal. Dann sind die Wege von der Küche zum Hochbeet im Winter nicht zu weit.

Mittlerweile gibt es auf dem Markt unzählige Bausätze. Am häufigsten werden Hochbeete aus Holz angeboten, es gibt aber auch Stecksysteme aus Kunststoff oder Metall. Der Beetrahmen wird auf dem gelockerten Gartenboden aufgestellt. Als Schutz gegen Mäuse wird am Boden ein engmaschiger Draht ausgelegt, der an den Seitenwänden etwas hochgezogen wird. Damit bei einer Holzbauweise die Erde keinen direkten Kontakt mit dem Holz bekommt, legen Sie innen eine Noppenbahn, wie sie für den Fundamentschutz an Häusern angeboten wird, davor. Die Noppen zeigen dabei zum Holz, die glatte Seite nach innen zur Erde. Manche Hersteller legen eine Folie bei, die an der Innenseite festgetackert werden soll.

Schichtaufbau

Zur Befüllung wird ein schichtweises Einbringen von grobem Material, Strauchschnitt, Ästen und Zweigen, Laub, Grobkompost und Pflanzerde empfohlen. Für die Bepflanzung befüllen Sie das Hochbeet als oberste Bodenschicht mit einem guten Gartenboden oder gekaufter Pflanzerde. Wenn Sie das Hochbeet im Herbst aufstellen und die organischen Materialien einschichten, kommen die Pflanzen über Winter auch in den Genuss der Verrottungswärme. Nach 6 bis 8 Wochen lässt der Effekt der Bodenheizung allerdings nach. Messungen haben gezeigt, dass die Temperatur der oberen Bodenschicht im Hochbeet doch dauerhaft 1 bis 2 °C über der Temperatur eines Grundbeetes liegt. Die hohen Seitenwände des Hochbeetes werden von der Sonne erwärmt und leiten die Wärme nach innen weiter. Winterregen fließt im Hochbeet schnell in tiefere Schichten, Grundbeete sind durch die Feuchtigkeit kälter als das Hochbeet. Wenn es allerdings im Spätsommer und Herbst trocken bleibt, braucht das Gemüse im Hochbeet Wasser. Dann heißt es, Gießkannen stemmen, Gartenschlauch anschließen oder gleich eine automatische Bewässerung mit einbauen.

Die „erhobenen" Gemüseflächen des Hochbeetes können aber je nach Standort kalter Luft und Frost stärker ausgesetzt sein als die Pflanzen im Beet. Schutz bieten Abdeckhauben oder Kästen, die das Hochbeet ähnlich schützen wie einen Frühbeetkasten.

Mit Hochbeet lässt sich aufrecht gärtnern.
Hier wachsen Salat, Rübchen und Erdbeeren.

WINTERGEMÜSE IM GEWÄCHSHAUS

Für die Kultur von Wintergemüse ein Gewächshaus zu besitzen ist Luxus pur. Je nach Bauweise der Gewächshäuser sind sie meist mit Folien, Stegdoppelplatten oder Glas eingedeckt. Stegdoppelplatten haben die beste Isolierwirkung gegen Kälte. Die einfachste Konstruktion eines Kleingewächshauses von 2,00 × 1,50 m besteht aus einem Alugestänge, 6-mm-Stegdoppelplatten, Tür und Lüftungsfenster. Es bietet 3 qm Grundfläche. Günstig im Vergleich zu einfachen Tunneln sind die Stehhöhe und der größere Luftraum. Auch unbeheizt bietet das Kleingewächshaus im Winter einen wind- und nässegeschützten Raum. Das ist oft wichtiger für das Überleben von Salaten und Co. als den Frost vollkommen auszusperren. Jeder Sonnenstrahl bringt zudem tagsüber eine höhere Temperatur, sodass es sogar notwendig werden kann, das Gewächshaus zu lüften.

Tomaten gehen, Wintergemüse kommen

Auch wenn im August die Tomaten noch im Gewächshaus wachsen, findet sich schon ein Plätzchen für die Anzucht der Wintergemüse. Bei den meisten Gemüsearten beginnt man mit der Aussaat, um später Jungpflanzen in das Grundbeet zu setzen. Sie können die Pflanzen solange in den Multitopf-Platten lassen, bis die Tomaten im Beet Platz machen und nach und nach auspflanzen. Ob Sie vor

Nach Gurken oder Tomaten als Sommerkultur stehen die Gewächshausflächen im Herbst meist leer. Dabei ist es der ideale Platz für den Wintergemüseanbau.

der Kultur der Wintergemüse noch Dünger in Form von Kompost ausbringen müssen, hängt davon ab, wie Sie vorher die Tomaten oder andere Kulturen gedüngt haben. Für die schnell wachsenden Blattgemüse sollten die Restnährstoffe im Boden ausreichen. Prüfen Sie, wie tief der Boden durch die Sommerkulturen ausgetrocknet ist. Durchdringendes Wässern sorgt dafür, dass sich der Boden vor der neuen Kultur richtig mit Wasser vollsaugt. Im Gewächshaus gibt es ja keinen Winterregen. Sobald die Tomaten Platz machen, können Sie auch direkt im Beet aussäen. Zwar haben Sie für die Aussaaten etwa 2 Wochen länger Zeit als im Freiland, da es unter Glas deutlich wärmer bleibt im Herbst, aber die Tage werden auch im Gewächshaus kürzer.

Alles wächst

Für den Anbau kommen alle Kulturen infrage, die auch im Freiland wachsen. An erster Stelle stehen die Blattgemüse und alle Salate. Sie sind besonders ergiebig, wenn man sie blattweise erntet statt sie abzuschneiden. Es wachsen immer frische Blätter nach, wenn auch ab Dezember langsamer. Ab Oktober sind neue Aussaaten meist nicht mehr erfolgreich, erst wieder ab Februar. Durch mangelndes Licht, erst recht, wenn Schnee auf dem Gewächshaus lag, sehen die Pflanzen im Februar recht mitgenommen aus. Ab März stellt sich dann schnell neues Wachstum ein. Da die Pflanzen über ein gutes Wurzelwerk verfügen, ist ihr Wachstum schneller, als wenn wir ab März eine Aussaat machen würden. Von den Winterpflanzen haben Sie im April den schönsten Salat.

> *Tipp*
> Geben Sie den Pflanzen größere Abstände, damit sie im Winter genug Licht bekommen.

Gewächshausheizung selbstgebaut: Die Kerze erwärmt den Tontopf, der die Wärme an die Umgebung abstrahlt. Mit einem Maximum-Minimum-Thermometer können Sie die Temperatur am Boden kontrollieren.

Wurzelgemüse entwickeln sich langsam, sie werden bis Dezember meist nicht erntereif. Im Herbst gesäte Möhren überwintern als Jungpflanzen, so können Sie junge Möhren ab Mai ernten. Jeder kann auswählen, welchem Lieblingsgemüse er Platz im Gewächsaus einräumt. Haben Sie ein Auge auf die Schnecken, sie überwintern auch gerne im Gewächshaus.

WINTERGEMÜSE IM BALKONKASTEN

Platz für Wintergemüse ist im kleinsten Topf oder Balkonkasten. Immer mehr Stadtgärtner tauschen die Blumen auf dem Balkon gegen Kräuter und Gemüse aus. Im Herbst endet die Sommerblumensaison und die Balkonkästen stehen häufig leer. Viel zu schade! Denn auch hier kann noch viel wachsen bis Weihnachten. Das Volumen der Erde ist zwar begrenzt im Balkonkasten, aber viele Blattgemüse wie Rucola, Pflücksalat, Blattradieschen, Erbsensprossen oder Mangold als Baby Leaf benötigen nicht viel Platz und Wurzelraum. Gemüse, das lange Wurzeln bildet und sehr langsam wächst, wie Möhren oder Pastinaken, werden Sie eher nicht auswählen. Eine Rote Bete und Herbstrüben mit kurzen Wurzeln können Sie aber ausprobieren. Die meisten Küchenkräuter lassen sich anbauen, ebenso schnell wachsende Kohlarten wie Pak Choi, Grünkohl und Wirsing, die blattweise geerntet werden können. Das ergibt schon eine große Vielfalt!

Mildes Stadtklima

Ein Balkon in Südrichtung oder nach Westen liegt ideal, aber auch die Ostseite gibt genügend Licht für den Herbstanbau. Bei kaltem Winter-Ostwind sollten Sie bei dieser Seite an Wind- und Frostschutz denken. Entweder hängen Sie die Kästen vom exponierten Geländer ab und stellen sie auf die Erde an die Hauswand oder decken sie mit Schutzvliesen ab. Die Hauswände speichern Wärme und geben sie nach und nach ab. Es gibt auch maßgeschneiderte Hauben aus Kunststoff für Balkonkästen. Im Stadtklima liegt die Temperatur meist bis zu 2 °C über der Temperatur des Umlandes. Das sind gute Voraussetzungen für eine lange Balkongemüsesaison. Da kalte Luft nach unten sinkt, tritt bei den Beetgärtnern meist eher Bodenfrost auf als in mehreren Metern Höhe auf dem Balkon.

Gemüseauswahl

Vorher ist es wichtig zu überlegen, welche Gemüsekulturen Sie aussäen oder pflanzen möchten. Große Pflanzen wie Wirsing oder Chinakohl beanspruchen einen 10-l-Eimer für sich oder stehen zu dritt in einem großen Mörtelkübel. Die meisten Blattgemüse begnügen sich mit einem Kasten von 60 bis 80 cm Länge, 20 cm Breite und 17 cm Tiefe. Einige Systeme sind mit Wasservorratsspeichern ausgestattet. Dann müssen Sie nicht so oft zur Gießkanne greifen. Vorbereitend für Aussaaten und Einpflanzen füllen Sie die Kästen und Töpfe mit Gemüsepflanzen- oder Tomatenkulturerde. Wählen Sie eine Qualitätserde, es lohnt sich, ein paar Cent mehr zu investieren. Die Erden sind mit Dünger bevorratet, der bis zur Ernte der Kulturen ausreicht, es muss nicht nachgedüngt werden. Je nach Gefäß sollten Sie für einen guten Wasserabzug sorgen. Finden Sie im Herbst im Gartencenter Gemüsejungpflanzen im Angebot, greifen Sie gleich zu, das erspart Ihnen die Zeit der Aussaat und Sie können früher ernten.

Tipp
Tauschen Sie die Winterheide im Balkonkasten gegen knackige Radieschen und Kohlrabi!

Kräuter lassen sich besonders gut in Balkonkästen kultivieren.

Wenn Sie auf den Geschmack gekommen sind und den Balkon mit Kübeln und Töpfen bis in jede Ecke vollstellen, klären Sie bitte vorher die Tragkraft des Balkons ab. Die Statik kann je nach Alter eines Hauses für die Balkone unterschiedlich kalkuliert und feuchte Erde sehr schwer sein.

Wer hätte gedacht, dass die Auswahl an geeigneten Gemüsekulturen für den Balkon so groß ist? Weiteres Experimentieren erwünscht!

Geeignete Wintergemüse für Töpfe und Kübel

Salatgemüse:
Asia-Salate, Blatt- / Kopfsalat, Blattradieschen, Blattzichorie, Erbsensprossen, Endivien, Feldsalat, Mangold, Pak Choi, Rucola, Spinat, Stielmus, Winterportulak

Kohlgewächse:
Scheerkohl, Chinakohl, Strauchkohl, Grünkohl, Kohlrabi, Wirsing- / Butterkohl

Wurzeln & Knollen:
Herbstrüben, Radieschen, Rote Bete

Zwiebelgewächse:
Winterzwiebel, Steckzwiebel-Laub, Schnittlauch

WINTER GEMÜSE

VORGESTELLT

Ein Erntekorb voller Herbst- und Wintergemüse unterscheidet sich von einem mit Sommergemüse. Hier finden Sie Porträts zahlreicher Wintergemüse. Wenn eine Gemüseart fehlt, von der Sie meinen, sie sei winterfest: einfach ausprobieren!

ASIA-SALATE

Brassica juncea, Brassica rapa

Asia-Salate sind eine bunte Truppe von Blattsalaten aus der Kohlverwandtschaft. Sie bereichern die Salatschüssel im Herbst mit scharfen Aromen.

Winterkultur

Asia-Salate sind im Herbst die ideale Kultur für Hochbeet, Frühbeetkasten und Balkonkästen. Mit dem Anbau im ungeheizten Gewächshaus lassen sich den ganzen Winter über reichlich Blätter ernten. Asia-Salate gehören zum Turbo-Blattgemüse, vorausgesetzt, sie bekommen genügend Wasser während des Wachstums. Sie bevorzugen einen humosen, feuchten Boden. Auf trockenen Böden werden Sie auch im Herbst gießen müssen, sonst hat die Kultur wenig Erfolg. Da die Pflanzen in 3 bis 6 Wochen schnell heranwachsen, können Sie noch bis Anfang September, im Gewächshaus bis Ende September, in Reihen dünn aussäen. Es genügt auch ein Beet im Halbschatten.

Die Sorten sind alle recht gut winterhart, Sorten mit fein geschlitzten Blättern leiden unter der Winternässe und schwerer Schneeauflage. Dagegen hilft der geschützte Anbau im Frühbeetkasten oder ein Folientunnel. So abgedeckt überstehen einige Sorten sogar −12 °C. Da die Sorten zu den Kohlgewächsen gehören, sollten Sie unbedingt vorbeugend gegen Kohlhernie eine 4-jährige Fruchtfolge einhalten. Insgesamt ist die Kultur leicht, dieses Blattgemüse wird noch viel zu selten bei uns genutzt.

Spickzettel

Schwierigkeitsgrad: 🍃

Frosthärte: ❄ ❄

Nährstoffbedarf: ● ●

Kulturdauer: ●–○–○

Geeignet für: HB, FB, B, GH, GB

Pflanzenfamilie: Kreuzblütler, Cruciferae

Pflanzenhöhe: 15 bis 25 cm

Winteraussaat: M 8 bis A 9 Direktsaat, Ernte junger Blätter nach 4 bis 6 Wochen

Pflanzenabstand: 3 × 20 cm

Lagerung: bleibt im Beet stehen, mulchen, abdecken

Fruchtfolge: nicht nach anderen Kreuzblütlern

In der Küche: Ernte junger Blätter, für gemischte Salate, Wokrezepte

Coole Ernte

Blätter im Baby-Leaf-Format können Sie schon nach 4 bis 6 Wochen ernten. Wenn Sie die Blätter mit der Schere oder dem Messer über dem Herzblatt abschneiden, können Sie von einer Aussaat mehrmals ernten. Die Blätter wachsen schneller wieder nach als von einer erneuten Aussaat. Im Gewächshaus können Sie bis zum Frühjahr von einer Aussaat 3- bis 5-mal ernten. Von größeren Pflanzen lassen sich wie beim Pflücksalat einzelne Blätter nach Bedarf pflücken. Es muss nicht immer Peperoni sein, um Schärfe in den Salat zu bekommen. Die zu den Blattsenf-Arten (*Brassica juncea*) zählenden Asia-Gemüse bringen eine spritzige Schärfe mit. Die Sorten gehören zwar botanisch zu den Kohlgewächsen, ihr Geschmack erinnert aber nicht an Kohl. Vielmehr an schwarzen Senf, denn geschmacksbestimmend sind die enthaltenen Senfölglykoside. Ihre grünen, roten, breiten oder geschlitzten Blätter machen den Salat bunt. Die von Rübsen (*Brassica rapa*) abstammenden Sorten schmecken mild, aber auch nicht kohlartig. Mit der Aussaat einer Samenmischung haben Sie gleich alle bunt gemischt in einer Salatschüssel.

Sorten für den Herbst- und Winteranbau:

'Green in Snow': *B. juncea*, grüne Blätter, scharfer Senfgeschmack

'Mizuna': *B. rapa*, grüne, tief geschlitzte Blätter, milder, kohlartiger Geschmack

'Red Giant': *B. juncea*, ovalrunde grünrote Blätter, scharfer Senfgeschmack

'Rouge Metis': *B. juncea*, rote tief geschlitzte Blätter, mittelscharf

Salatmischung Asia-Greens: praktische Mischung aus verschiedenen Sorten

Was schiefgehen kann

→ **Erdflöhe**: kleine, springende Käfer, fressen Löcher in die Blättern, bei Trockenheit durchdringend gießen.

→ **Kohlhernie:** fleischig verdickte Wurzeln, Wasser- und Nährstoffaufnahme gestört, vorbeugend 4-jährigen Fruchtwechsel einhalten, bei pH unter 6,5 Boden kalken.

→ **Winternässe, Schneedecke**: Grauschimmel kann die Blätter faulen lassen, bei solchem Wetter das Frühbeet nutzen oder Pflanzreihen mit Folientunnel überdecken.

Die Sorte 'Grün im Schnee' macht ihrem Namen alle Ehre.

Spickzettel

Schwierigkeitsgrad:
Frosthärte:
Nährstoffbedarf:
Kulturdauer:

Geeignet für: HB, FB, B, GH, GB
Pflanzenfamilie: Kreuzblütler, Cruciferae
Pflanzenhöhe: 15 bis 20 cm
Winteraussaat: A 8 bis E 9 Direktsaat, Ernte junger Blätter nach 4 bis 6 Wochen
Pflanzenabstand: 3 × 20 cm
Lagerung: bleibt im Beet stehen, mulchen, abdecken
Fruchtfolge: nicht nach Rettich, Rauke und anderen Kreuzblütlern
In der Küche: Ernte junger Blätter, für gemischte Salate, Quark, Brotbelag

BLATTRETTICH

Raphanus sativus

Von Rettich und Radieschen essen wir in der Regel die Wurzelknollen. Die Pflanzengruppe ist sehr vielfältig und es gibt Sorten, von denen Sie nur die Blätter oder sogar die Früchte nutzen können.

Winterkultur

Von Radieschen ist bekannt, dass auch ihre Blätter essbar sind. Zarter als die behaarten Radieschenblätter sind die des Blattrettichs, der speziell für diese Nutzung gezüchtet wurde. Die Kultur des Blattrettichs ist unkompliziert. Eine Aussaat ist das ganze Jahr über möglich mit Ausnahme der heißen Sommermonate. Die großen Samenkörner sät man in 1 cm tiefe Saatreihen dicht aus, ein Reihenabstand von 20 bis 25 cm ist ausreichend. Blattrettich bevorzugt einen humosen Lehmboden mit ausreichend Feuchtigkeit. Als Schwachzehrer benötigt der Blattrettich keine zusätzliche Düngung. Da Rettich und Radies auch zu der großen Familie der Kreuzblütler gehören, auf einen Fruchtwechsel von 4 Jahren achten.

Sorten für den Herbst- und Winteranbau:

Blattrettich Sangria: frischgrüne Blätter mit roten Blattadern

Von den Schlangenradies gibt es noch keine Sorten.

Coole Ernte

Die Pflanzen keimen und wachsen trotz der kühlen Temperaturen um 10 °C im Herbst schnell heran. Aussaaten im Frühbeet und Gewächshaus können Sie noch bis Ende September machen. Die Ernte beginnt von späten Aussaaten etwa ab Dezember. Danach kann wieder ab Februar ausgesät werden. Ernten sie die zarten Blätter, wenn sie 8 bis 10 cm hoch sind. Bleibt das Herz stehen, sind mehrere Ernten von einer Aussaat möglich. Immer, wenn Sie eine leichte scharfe Würze benötigen, ernten Sie einzelne Blätter. Sie enthalten Senföle und viel Vitamin C. Am besten schmecken sie roh, klein geschnitten im Quark, zum Käsebrot oder in gemischten Salaten.

Schlangenradies

Sie sind in asiatischen Ländern eine beliebte Spezialität, der Schotenrettich oder auch Rattenschwanzradies. Gegessen werden nicht die Knollen, sondern die jungen Samenschoten. Sie schmecken leicht scharf und würzig mit Radieschenaroma. So schlägt man der Kohlfliege ein Schnippchen, die madigen Gänge in den Radieschen sind passé. Die Samen der Schlangenradies werden in weiterem Abstand von 8 bis 10 cm ausgesät, der Abstand zwischen den Reihen sollte 30 cm betragen. Die Aussaat sollte nicht zu spät, am besten schon im August erfolgen, da die Pflanzen noch bis zur Blüte kommen sollen. Es entwickelt sich keine Radieschenknolle, die Pflanzen beginnen schnell zu blühen. Die rosa Blüten werden im Herbst gerne von Insekten besucht. Die 100 bis 120 cm hohen Blütenstängel verzweigen sich stark. Binden Sie sie an Bambusstäbe, damit sie nicht umfallen, das erleichtert die Ernte. Geerntet werden die knackigen jungen Samenschoten. Die Ernte geht über den Herbst, bis stärkere Fröste die Pflanzen zum Absterben bringen. Sie sind ein beliebtes Fingerfood, zum Dippen in Quarks und Soßen.

Was schiefgehen kann

→ **Erdflöhe**: Bei trockenem Wetter knabbern Erdflöhe, kleine Blattkäfer, Löcher in die Blätter. Die 2 bis 4 mm kleinen schwarzen Käfer mit zwei gelben Streifen auf dem Panzer hüpfen wie Flöhe. Halten Sie durch Gießen die Erde feucht. Wenn Sie den Boden zwischen den Reihen lockern und mulchen, vertreibt das die Käfer.

Der Blattrettich 'Sangria' bringt mit seinen roten Stielen Farbe in den Salat.

BREMER SCHEERKOHL

Brassica napus ssp. napus

Der Scheerkohl gehört zu den ursprünglichen Kohlformen, den Blattkohlen. Er bildet keinen Kopf, sondern nur reichlich Blätter.

Winterkultur

Der Scheerkohl, Schnittreps oder Schnittkohl ist eigentlich ein Raps, innerhalb der Kohlgewächse näher mit der Steckrübe verwandt als mit den Kopfkohlformen. Sein Anbau ist seit den 1950er-Jahren in Vergessenheit geraten. Als „Bremer Scheerkohl" wurde er noch lange im nordwestdeutschen Raum genutzt. Er liefert sowohl eines der frühesten als auch ein spätes Blattgemüse. Der Schnittkohl liebt für sein schnelles Wachstum nährstoffreichen Boden, am besten gedeiht er auf lehmigem Boden oder sandigem Lehm. Die Samen werden in Reihen mit 20 cm Abstand dünn ausgesät. Säen Sie im Herbst alle 2 Wochen eine kurze Reihe aus, dann können Sie die zarten Blätter über eine lange Zeit bis in den Winter ernten. Die zarten Blätter erscheinen durch eine Wachsschicht grau bereift. Der Kohl wächst auch bei kühlen Temperaturen zügig heran. Nach 6 bis 8 Wochen können Sie ernten. Als Form des Winterrapses verträgt Schnittkohl Frost, stärkere Kahlfröste können die Blätter schädigen. Um Krankheiten wie Kohlhernie vorzubeugen, deren Erreger im Boden überdauert, sollten Sie den Schnittkohl und andere Kohlgewächse nur alle 4 Jahre auf dem gleichen Beet anbauen. Schnittkohl empfiehlt sich besonders für kleine Gärten,

Spickzettel

Schwierigkeitsgrad:

Frosthärte:

Nährstoffbedarf:

Kulturdauer:

Geeignet für: HB, FB, B, GH, GB

Pflanzenfamilie: Kreuzblütler, Cruciferae

Pflanzenhöhe: 20 bis 30 cm

Winteraussaat: E 8 bis E 9 Direktsaat, Ernte junger Blätter nach 4 bis 6 Wochen

Pflanzenabstand: 3 × 20 cm

Lagerung: bleibt im Beet stehen, mulchen, abdecken

Fruchtfolge: nicht nach anderen Kohlpflanzen und Kreuzblütlern

In der Küche: Ernte junger Blätter, als Gemüse, für gemischte Salate

Sorten für den Herbst- und Winteranbau:

Schnittkohl, Bremer Scheerkohl: grüne, leicht eingebuchtete Blätter

'Licapo': grüne, leicht eingebuchtete Blätter

die nicht viel Platz haben für große Kohlpflanzen, für das Hochbeet und die Kultur in Balkonkästen.

Coole Ernte

Die zarten Blätter werden nach Bedarf geschnitten, geschert, wie man norddeutsch auch sagt. Von älteren Blättern schneiden Sie die festeren Blattstiele vor der Zubereitung ab. Sie können wie Wirsing kurz geschmort oder wie Spinat zubereitet werden. Sie schmecken sehr mild nach Kohl. Die Verwendung als Rohkost ist ebenfalls schmackhaft, klein geschnitten und vermischt mit Apfelstücken ergeben sie einen fruchtigen Salat.

Was schiefgehen kann

→ **Kohlhernie:** Eine Pilzkrankheit, bei der sich an allen Wurzeln knotige Verdickungen bilden. Die Pflanzen welken und gehen ein. Der Pilz überdauert mit Sporen im Boden. Befallene Pflanzen ausziehen und in die Restmülltonne geben, nicht auf den Kompost. Als Gegenmaßnahme den pH-Wert des Bodens überprüfen, bei Bedarf Kalk streuen. Erst nach 6 bis 7 Jahren wieder Kohlgewächse auf befallene Beete pflanzen.

Scheerkohl bietet massig frische Kohlblätter für Eintöpfe und als Gemüse.

CHICORÉE

Cichorium intybus var. foliosum

Wer Chicorée genießen möchte, muss erst Wurzeln anbauen. Als zweiter Schritt erfolgt die Treiberei der Sprossen im Winter.

Spickzettel

Schwierigkeitsgrad: 🍃🍃🍃
Frosthärte: ❄❄❄
Nährstoffbedarf: ⚫⚫
Kulturdauer: ●–●–●

Geeignet für: HB, GB
Pflanzenfamilie: Korbblütler, Asteraceae
Pflanzenhöhe: 20 bis 30 cm
Winteraussaat: A 5 bis A 6 Direktsaat, Ernte der Wurzeln zur Treiberei
Pflanzenabstand: 10 × 30 cm
Lagerung: ausgraben, einlagern in Erdmiete, Erdkeller
Fruchtfolge: nicht nach anderen Korbblütlern
In der Küche: Treiberei, Ernte angetriebener Sprosse, für gemischte Salate, gedünstet

Winterkultur

Die Kultur von Chicorée erfolgt in zwei Schritten. Erst wird die Pflanze zur Wurzelbildung kultiviert, dann die Wurzeln über Winter angetrieben, um den knackigen Salat zu ernten. Von Anfang Mai bis Anfang Juni können Sie direkt ins Beet in 2 cm tiefe Saatrinnen säen. Schon bei der Aussaat sollten Sie versuchen, die Samen mit Abstand auszulegen. Zu eng stehende Pflanzen werden auf einen Abstand von 10 cm vereinzelt. Gute Lehmböden, die gleichmäßig feucht bleiben, eignen sich am besten für den Anbau. In zu dichten, steinigen Böden kann keine starke Wurzel heranwachsen. Hacken Sie mehrmals durch die Reihen, bis die Blätter den Zwischenraum bedecken und keine Unkräuter mehr keimen. Als Partner für Mischkultur steht Chicorée gut zwischen Möhren und Pastinaken. Anfang November sind die Wurzeln erntebereit. Sie könnten über Winter im Boden bleiben, sind aber ein Leckerbissen für die Wühlmäuse. Lockern Sie den Boden um die Wurzeln und heben sie mit der Grabegabel vorsichtig

Sorten für den Herbst- und Winteranbau:

'Brüsseler Witloof': alte Sorte, gelbgrüne, feste spitze Köpfe, mit Deckerde treiben

'Robin': rotweiße lockere spitze Köpfe, sehr dekorativ, treiben ohne Deckerde

'Tardivo': gelbgrüne, starke Köpfe, wenig Bitterstoffe, treiben ohne Deckerde

'Zoom': F1-Hybride, feste, gelbgrüne Köpfe, treiben ohne Deckerde

heraus, ohne sie zu beschädigen. Das Laub mit dem Messer etwa 3 cm über dem Herz zurückschneiden, die Wurzel auf 15 bis 20 cm einkürzen. Bis zum Antreiben benötigen die Wurzeln eine Ruhephase und sollten kühl und dunkel bei 0 bis 3 °C lagern, ohne dass sie austrocknen. Zum Lagern eignen sich Kisten oder Eimer mit feuchtem Sand, die Erdmiete oder der Erdkeller.

Coole Ernte

Zum Treiben eignen sich Wurzeln, die 3 bis 6 cm stark und 15 bis 20 cm lang sind. Dickere Wurzeln bilden oft kleine Nebentriebe statt eines Hauptsprosses. Zum Antreiben benötigen die Wurzeln Wärme von 12 bis 18 °C. Eine Portion Wurzeln aus dem Lager stellt man senkrecht dicht an dicht in einen Eimer oder großen Einkochtopf mit Wasserabflusslöchern. Die Zwischenräume werden mit Erde aufgefüllt. Das Angießen mit lauwarmem Wasser gibt den Wurzeln den Impuls zum Austreiben, im weiteren Treibverlauf wird nicht mehr gegossen.

Alte Sorten benötigen eine 10 bis 15 cm dicke Abdeckschicht aus Sand. Sie müssen ihren Austrieb in diese Deckerde hineintreiben, sonst bleibt er zu locker. Neue Sorten bilden auch ohne Deckerde feste Köpfe. Alle Sorten werden im Dunkeln angetrieben, das erreichen Sie durch einen übergestülpten schwarzen Eimer. Nach etwa 4 bis 6 Wochen ernten Sie von jeder Wurzel einen Spross. Die abgetriebenen Wurzeln sind ausgelaugt, sie geben noch Futter für Kleintiere oder werden kompostiert. In den Eimern können Sie eine neue Portion Wurzeln zum Treiben ansetzen. Die gebleichten Köpfe sind eine begehrte winterliche Rohkost. Sie schmecken als Salat mit Äpfeln und Möhren zubereitet oder als Auflauf mit Käse überbacken. Der Bitterstoff Intybin regt die Verdauung an.

Was schiefgehen kann

→ **Kleine lockere Köpfe nach dem Treiben:** während der Kultur zu viel gedüngt, Düngegabe zu spät gegeben, Chicorée benötigt als Mittelstarkzehrer keine großen Düngergaben, keinen frischen Kompost düngen.

→ **Grauschimmel** (*Botrytis cinerea*): an den Wurzeln grauer Schimmelrasen, hauptsächlich an Wunden, vorbeugen durch sorgsames Ernten, ohne die Wurzeln zu verletzen.

Alte Sorten wurden noch dick mit Erde bedeckt, damit der Spross schön dicht und bleich blieb.

CHINAKOHL

Brassica rapa ssp. pekinensis

Eigentlich müsste er Pekingkohl heißen, aber die Bezeichnung Chinakohl hat sich durchgesetzt.

Winterkultur

Es empfiehlt sich eine Vorkultur mit Aussaat in Saatkisten. Die Keimlinge sind bei Erdflöhen sehr begehrt, die diese völlig durchlöchern. Die richtige Zeit für die Aussaat liegt zwischen Mitte und Ende Juli. Die Temperatur für die Keimung sollte nicht unter 16 °C fallen, das stellt aber im Juli kein Problem dar. Bei kühleren Temperaturen bilden die Pflanzen vorzeitig Blüten, ohne dass sich ein Kopf entwickelt. Die stärksten Keimlinge werden in kleine Töpfe oder Erdpresstöpfe vereinzelt. Mit drei bis vier Blättern sind sie groß genug, um ins Beet ausgepflanzt zu werden. Das Beet wird gründlich vorbereitet mit Kompost, bei einem Boden-pH-Wert unter 6,5 sollten Sie Kalk einarbeiten. Chinakohl liebt feuchten, sandig-lehmigen Boden. Er hat einen hohen Wasserbedarf und gedeiht nicht auf trockenen Böden. Ab Mitte August wird gepflanzt, Chinakohl bildet in wenigen Wochen viel Blattmasse. Im Vergleich zu anderen Kohlarten legt er mit etwa 100 Tagen ein Turbowachstum hin. Nach Frühkartoffeln oder abgeernteten Erbsen gibt es auch wieder Platz im Beet. Da alle Kohlschädlinge auch Chinakohl lieben, empfiehlt sich, nach dem Pflanzen die Kulturschutznetze aufzulegen. Chinakohl hat keine ausgeprägte Frosthärte, meist ist das Wetter so, dass er ohne Probleme bis Weihnachten draußen bleiben kann.

Spickzettel

Schwierigkeitsgrad: 🍃
Frosthärte: ❄
Nährstoffbedarf: ●●
Kulturdauer: ●–●–●

Geeignet für: HB, FB, GH, B, GB
Pflanzenfamilie: Kreuzblütler, Cruciferae
Pflanzenhöhe: 25 bis 40 cm
Winteraussaat: M 7 bis E 7 Vorkultur, Ernte der Köpfe nach 10 bis 12 Wochen
Pflanzenabstand: 30 × 40 cm
Lagerung: abdecken, Erdmiete, Erdkeller
Fruchtfolge: nicht nach anderen Kreuzblütlern
In der Küche: Ernte der Köpfe, für Salate, als Pfannengemüse, milchsauer eingelegt

Sorten **für den Herbst- und Winteranbau:**

'Granaat': hohe, schlanke, geschlossene Köpfe

'Hong Kong F1': ovalrunde, gedrungene, geschlossene Köpfe

'Kilakin F1': kompakte, ovalrunde Köpfe, widerstandsfähig gegen Kohlhernie, gute Lagersorte

Coole Ernte

Chinakohl wächst schnell, sodass ab Oktober geerntet werden kann. Nicht immer sehen die Köpfe so perfekt aus wie in der Gemüsetheke, aber sind selbstgezogen. Solange kein Frost unter −8 °C angesagt ist, bleiben die Pflanzen im Beet stehen. Meist geht das bis Ende Dezember gut. Ist Dauerfrost angesagt, nimmt man die Chinakohlköpfe mit der Grabegabel aus dem Boden. Die Erde wird von den Wurzeln geschüttelt, die Köpfe in Zeitungspapier eingerollt und senkrecht in Kisten nebeneinandergestellt. Auch wenn die äußeren Blätter eintrocknen, sind die Köpfe darunter noch frisch. In der Erdmiete oder Erdkeller lagert Chinakohl meist bis ins neue Jahr. In der Küche werden die Köpfe geputzt, die Blätter mit den dicken Blattrippen klein geschnitten und mit Früchten als Salat zubereitet. Chinakohl schmeckt auch als gedünstetes oder angebratenes Gemüse. In Asien legt man ihn auch als „Kimchi" milchsauer ein.

Was schiefgehen kann

→ **Kohlhernie**: Angeschwollene Wurzeln behindern den Wassertransport, die Pflanzen welken, wachsen kümmerlich, dann den Boden-pH überprüfen, bei pH unter 6,5 Kalk einarbeiten, befallene Pflanzen mit Wurzeln in die Restmülltonne geben.

→ **Kohlfliege** (*Phorbia brassicae*): Die Pflanzen welken und die Hauptwurzeln werden von weißen Maden angefressen. Einen „Kohlkragen" aus Pappe oder Filz um die Pflanzen legen, die Fliege legt hier ihre Eier ab, dann entfernen, Kulturschutznetze auflegen, da die Fliege auch im August noch Eier ablegen kann.

Die neue Sorte 'Scarvita' ziert den Salat mit lila Innenblättern und weißen Blattadern.

ENDIVIEN-SALAT

Cichorium endivia

Die herben Winterendivien wachsen zur rechten Zeit, wenn wir für unsere Gesundheit die Bitterstoffe und Vitamine benötigen.

Spickzettel

Schwierigkeitsgrad: 🍃🍃

Frosthärte: ❄

Nährstoffbedarf: ⚬

Kulturdauer: ●–●–○

Geeignet für: HB, FB, B, GH, GB

Pflanzenfamilie: Korbblütler, Asteraceae

Pflanzenhöhe: 15 bis 20 cm

Winteraussaat: E 7 bis A 8 in Anzuchtschalen, pflanzen A bis M 8

Pflanzenabstand: 30 × 30 cm

Lagerung: bis zum Frost im Beet, dann Einschlag oder Erdkeller

Fruchtfolge: nicht nach anderen Korbblütlern

In der Küche: Ernte der Köpfe, für Salate, auch gedünstet, überbacken

Winterkultur

Säen Sie die Samen in Anzuchtschalen in Anzuchterde flach aus. Die Temperatur für die Keimung und die Jungpflanzen soll nicht unter 16 °C fallen, sonst bildet sich keine Blattrosette, sondern die Pflanzen gehen in Blüte. Säen Sie sehr dünn aus, damit die Keimlinge sich nicht bedrängen und lange Hälse bekommen. Wenn nach 3 bis 4 Wochen die Jungpflanzen 4 bis 6 Blätter haben, können sie ins Beet gepflanzt werden. Lockern Sie vorher den Boden mit dem Sauzahn tief, denn Endivienwurzeln reichen bis 1 m tief in den Boden. Beim Verpflanzen möglichst keine Wurzeln abreißen und nicht zu tief setzen, das Herz der Pflanzen soll über der

Sorten **für den Herbst- und Winteranbau:**

Sorten mit breiten Blättern = Escariol-Typ, Sorten mit geschlitzten Blättern = Frisée-Typ

'Bubikopf': breitblättrig, dichter Kopf

'Chrono': Frisée-Typ mit feingekrausten Blättern

'Eminence': breitblättrig, dicht gefüllte Köpfe

'Wallone': große Rosetten mit gefiederten Blättern

Erde bleiben. Gepflanzt wird im Abstand von 30 × 30 cm. Ins Frühbeet gesetzt haben sie bis in den Winter einen guten Regenschutz. Im Gewächshaus können Sie bis Anfang November pflanzen und diese Pflanzen dann Anfang März ernten. Endivien haben für ihr Blattwachstum einen hohen Wasserbedarf, gießen Sie bei Trockenheit. Erbsen und Spinat sind für Endivien eine gute Vorfrucht. Die Wärmeansprüche für das Wachstum sind insgesamt geringer als die des Kopfsalates. Die Winterhärte ist aber geringer als die von Salat. Endivien erfrieren schon bei Temperaturen von etwa –5 °C, die feinblättrigen Frisée-Typen sind noch empfindlicher. Graben Sie zur Überwinterung die ausgewachsenen Blattrosetten mit den Wurzeln aus, bevor es Frost gibt. Die Pflanzen werden mit den Wurzeln in feuchten Sand eingeschlagen und können bei 0 bis 4 °C hell eine Zeit lang gelagert werden.

Coole Ernte

Endivien werden wie Salat als Blattgemüse roh verwendet. Ihre Blätter sind fester als Salat und leicht bitter durch den Gehalt an Intybin. Das wirkt appetitanregend. Endiviensalate haben einen hohen Vitamin- und Mineralstoffgehalt. Wenn die Köpfe gebleicht werden sollen, da die gelben Blätter zarter sind, legt man für 4 bis 6 Tage Teller oder Eimer auf die Köpfe oder bindet die Blätter zusammen. Moderne Sorten sind „selbstbleichend", ihre Herzblätter stehen so dicht, dass sie innen gelb sind, zart und mild schmecken. Eine warme Salatsoße mit Zwiebeln und Speck mildert den herben Geschmack.

Was schiefgehen kann

Der Anbau von Endivien macht kaum Probleme. Anhaltender Winterregen und wechselnde Temperaturen zwischen Frost und Tauwetter lassen die Blätter faulen. Krausblättrige Sorten faulen leichter als breitblättrige.

Die breitblättrigen Sorten wie 'Wallone' überstehen die ersten Fröste besser als die feinblättrigen Frisée-Typen.

ERBSEN-SPROSSEN

Pisum sativum

Spickzettel

Schwierigkeitsgrad: 🍃
Frosthärte: ❄ ❄
Nährstoffbedarf: ⚇
Kulturdauer: ●–○–○

Geeignet für: HB, FB, B, GH, GB
Pflanzenfamilie: Schmetterlingsblütler, Fabaceae
Pflanzenhöhe: 10 bis 30 cm
Winteraussaat: A 9 bis M 10 Direktsaat, Ernte junger Triebe nach 6 bis 8 Wochen
Pflanzenabstand: 3 × 20 cm
Lagerung: bleibt im Beet stehen, Vliesabdeckung
Fruchtfolge: nicht nach sich selbst und anderen Leguminosen
In der Küche: Ernte junger Triebspitzen, für gemischte Salate, Pfannen- und Wokgemüse

Bei Erbsen denkt man als erstes an die Ernte von Hülsen oder Zuckerschoten. Die werden bei einer Herbstaussaat doch nicht mehr reif, oder doch?

Winterkultur

Erbsen zählen zu den kältetoleranten Kulturen, im Frühjahr können sie schon ab Februar ausgesät werden. Im Spätsommer sät sie niemand mehr aus, weil die Hülsen nicht mehr reif werden. In alten Gartenbüchern gibt es jedoch Kulturanleitungen zur Herbstaussaat von Erbsen. Diese „Wintererbsen" überwintern als Jungpflanzen und bringen im Frühjahr die ersten reifen Hülsen. Als 5 bis 10 cm hohe Jungpflanze gelten Erbsen als absolut winterhart, allerdings nur die geeigneten Sorten. Wenn die Temperaturen unter −5 °C fallen, erhalten die Reihen mit Laub oder Vlies einen Schutz gegen Kahlfrost und eisigen Wind.

Sorten für den Herbst- und Winteranbau:

'Frühe Harzerin': 50 bis 65 cm hoch, schnelle Entwicklung

'Graue Buntblühende': Zuckererbse, viel Blattmasse, bis 130 cm hoch

'Kleine Rheinländerin': schnelles Wachstum, 40 bis 50 cm hoch

'Wintererbse Sima': winterharte Markerbse, speziell für die Herbstaussaat, 45 bis 65 cm hoch

'Wunder von Kelvedon': Markerbse, bis 60 cm hoch

Alte Wintererbsensorten finden Sie bei Saatgutvereinen wie den VEN und auf Saatgutbörsen.

Wir möchten aber im Herbst Erbsensprossen als zartes Blattgemüse ernten. Zur Aussaat legen Sie die Erbsensamen in Reihen mit 2 bis 4 cm Abstand dichter aus als im Frühling. Der Reihenabstand kann mit 20 cm eng ausfallen, es wird nicht mal eine Rankhilfe benötigt. Für Erbsen als Schwachzehrer muss das Beet nicht gedüngt werden. Sie decken ihren Nährstoffbedarf durch die Symbiose mit Knöllchenbakterien. Erbsen sind eine gute Vorfrucht und hinterlassen der folgenden Kultur einen mit Stickstoff angereicherten Boden. Die Samen keimen und wachsen ab Temperaturen von 4 °C. Die zarten Erbsentriebe werden geschnitten, wenn sie etwa handbreit hoch sind. Aus den Blattachseln treiben die Erbsen neu aus, von einer Aussaat kann mehrfach geerntet werden. Erbsensprossen lassen sich auch gut im Balkonkasten anbauen.

Coole Ernte

Dass man außer den Hülsen und grünen Erbsen auch die frischen Erbsensprossen, die zarten Triebspitzen roh oder gedünstet essen kann, ist bei uns völlig unbekannt. Die Triebe unserer Erbsensorten werden schnell hart und faserig. In asiatischen Ländern kennt man die Nutzung von Erbsensprossen und -blättern, dort gibt es sogar spezielle Sorten dafür. Die frischen Triebe schmecken, natürlich, nach Erbsen. Probieren Sie diese roh im Salat oder gemischt mit anderem Gemüse in der Pfanne.

Was schiefgehen kann

→ **Erbsenwickler:** Da die Erbsen nicht zur Blüte kommen und keine Hülsen ansetzen, gibt es mit dem Würmchen in der Erbse keine Probleme.

→ **Grauschimmel** (*Botrytis cinerea*): Auf den Blättern bilden sich graue Flecken, feuchtwarmes Wetter begünstigt die Ausbreitung des Pilzes. Die Triebe sollen bei feuchtem Wetter schnell abtrocknen können.

Erbsen sind mit sich selbst unverträglich, daher auf dem Beet 4 Jahre pausieren. Das beugt Wurzel-, Fuß- und Welkekrankheiten vor.

Eine Handvoll Erbsensprossen für den Wintersalat. Über einem Blattknoten abgeschnitten treibt die Erbse wieder aus und es kann mehrmals geerntet werden.

ERDBEER-SPINAT

Chenopodium capitatum, C. foliosum

Spickzettel

Schwierigkeitsgrad: (1 Blatt)

Frosthärte: (1 Schneeflocke)

Nährstoffbedarf: (1 Symbol)

Kulturdauer: (1 von 3)

Geeignet für: HB, FB, B, GH, GB

Pflanzenfamilie: Fuchsschwanzgewächse, Amaranthaceae

Pflanzenhöhe: 20 bis 40 cm

Winteraussaat: E 8 bis E 9 Direktsaat, Ernte junger Blätter nach 8 bis 10 Wochen

Pflanzenabstand: 5 × 20 cm

Lagerung: bleibt im Beet stehen, mulchen, abdecken

Fruchtfolge: nicht nach Spinat, Mangold, Rote Bete oder anderen Fuchsschwanzgewächsen

In der Küche: Ernte junger Blätter, für gemischte Salate, als Spinatgemüse, Belag für Pizza oder Quiche

Vom Erdbeerspinat gibt es zwei Arten, der Kopfige und der Ährige Erdbeerspinat. Für die Blatternte eignen sich beide.

Winterkultur

Der Kopfige Erdbeerspinat stammt aus Nordamerika und Kanada, der Ährige Erdbeerspinat ist in Südeuropa beheimatet. Beide zählen zu den Raritäten unter den Spinatpflanzen. Sie werden nur selten angebaut, ihre Nutzung wurde schon um 1900 vom beliebteren Spinat verdrängt. Es gilt, ihn für den Garten wiederzuentdecken. Samen des Ährigen Erdbeerspinates gibt es wieder im Saatguthandel, aber noch keine Erfahrungen mit seiner Winterhärte. Meist wird nur die Aussaat im Frühling beschrieben. Die Samen des Erdbeerspinates sind winzig, versuchen Sie, sie trotzdem mit etwas Abstand auszusäen. Stehen die jungen Pflanzen zu dicht,

Sorten für den Herbst- und Winteranbau:

Es sind keine Sorten vorhanden, beide Arten wurden bisher nicht züchterisch bearbeitet. Erdbeerspinat wird von einigen Firmen wieder für den Hausgarten angeboten.

werden einige herausgezupft. Das Umpflanzen vertragen die Pflanzen nicht. Die Saatrinnen bedecken Sie nur dünn mit Erde und drücken sie mit der Rückseite der Harke an. Die Keimung nach 10 bis 15 Tagen kann ungleichmäßig sein, wie es bei Wildpflanzen oft üblich ist. Erdbeerspinat braucht für die Keimung noch warmen Boden. Die Spinatpflanze hat keine besonderen Bodenansprüche, sie wächst auch auf lockeren, sandigen Böden. Sie bildet eine Blattrosette mit dreieckigen gezähnten Blättern. Diese können nach etwa 6 bis 8 Wochen einzeln geerntet werden. Nach der Blüte bilden sich in jeder Blattachsel die Früchte. Reif sind sie erdbeerähnlich leuchtend rot gefärbt. Sie schmecken leider fade. Die mit reifen Früchten besetzten Pflanzen sind aber sehr dekorativ, besonders wenn die Triebe in Ampeltöpfen herunterhängen. Nach der Blüte sterben die einjährigen Pflanzen ab. In der Fruchtfolge sollen keine anderen Fuchsschwanzgewächse nach Erdbeerspinat stehen.

Coole Ernte

Wenn die Blattrosetten ausgewachsen sind, schneiden Sie die größeren langgestielten Blätter einzeln ab. So kann das Herz weiterwachsen. Die Blätter sind im Vergleich zu Spinat kleiner, der Ertrag einer Saatreihe damit geringer. Die Blätter werden blanchiert und wie Spinatgemüse zubereitet. Erdbeerspinat enthält wie andere Spinatgewächse auch Oxalsäure. Wenn die Pflanzen Früchte tragen, beendet man die Ernte der Blätter, sie sind an den Blütentrieben auch kleiner und fester. Die roten fleischigen Früchte sind essbar. Sie sind saftig, aber nicht süß und haben ihren Namen als Erdbeerspinat wohl eher von der Farbe als vom Aroma der Erdbeere. Sie können als Dekoration mit auf den Salat gegeben werden.

Was schiefgehen kann

Es treten kaum Krankheiten oder Schädlingsbefall auf.

Daher der Name: An den älteren Pflanzen bilden sich erdbeerrote Früchte. Sie sind eine essbare Tischdekoration, wenn auch etwas fade im Geschmack.

EWIGER KOHL, STRAUCH-KOHL

Brassica oleracea

Eine Kohlpflanze, die mehrjährig wächst wie eine Staude! Er hält seine Blätter ganzjährig im Angebot, wirklich ein Gemüse für intelligente Faule.

Spickzettel

Schwierigkeitsgrad: 1 von 3

Frosthärte: 3 von 3

Nährstoffbedarf: 2 von 3

Kulturdauer: 3 von 3

Geeignet für: B, GB

Pflanzenfamilie: Kreuzblütler, Cruciferae

Pflanzenhöhe: 40 bis 80 cm

Winteraussaat: keine Samen, Stecklinge pflanzen von 4 bis 8

Pflanzenabstand: 40 × 40 cm

Lagerung: bleibt im Beet stehen, mulchen, abdecken

Fruchtfolge: nicht nach anderen Kreuzblütlern

In der Küche: Ernte junger Blätter, für Gemüse, Suppen

Winterkultur

Der Ewige Kohl oder Blattkohl ähnelt in Aussehen und Wuchs noch sehr seinen wilden Verwandten. Wildkohl findet man noch auf Helgoland und an den Küsten Nordeuropas. Die Abstammung des Blattkohls bleibt unbekannt. Er hat Ähnlichkeiten mit Grünkohl, seine Blätter sind nicht so stark gekräuselt, nur gewellt. Der Stängel des Blattkohls wächst nicht einfach gerade in die Höhe, sondern verzweigt sich stark durch Bildung von Nebentrieben. Es entsteht kein Kohlkopf, eher ein Kohlstrauch. Er bildet einen holzigen Stamm, die Blätter sind in milden Regionen wintergrün. Wird der Kohl wenig geschnitten, verwelken alte Blätter und werden abgeworfen. Bisher habe ich keine blühenden Pflanzen gesehen. Zur Vermehrung werden Stecklinge genutzt, die man aus den Seitentrieben schneidet. Sie sollten vier bis sechs Blätter und ein Stück Strunk besitzen und werden in Anzuchterde gesteckt. Sie bewurzeln sich leicht innerhalb von 2 bis 3 Wochen. Die Pflanzen finden sich selten im Handel, genutzt werden sie vereinzelt regional am Niederrhein, in den Niederlanden und Belgien. Wer eine Jungpflanze ergattert hat, pflanzt sie im Frühjahr ins Beet. Der Boden sollte nahrhaft sein, wie alle Kohlarten benötigt der Blattkohl reichlich Nährstoffe für sein starkes Wachstum. Wenn Sie das Beet so auswählen, dass die Pflanzen mehrere Jahre dort stehen bleiben können, entwickelt sich der Kohlbusch umso besser. Es kann auch etwas schattig sein.

Coole Ernte

Richtig produktiv werden die Pflanzen im zweiten Jahr, dann sind sie eingewachsen. Blätter und junge Triebe des Blattkohls können zu jeder Jahreszeit geschnitten werden. Das Ausschneiden zu dichter Triebe fördert sein Wachstum. Am besten schneiden Sie Blätter und Triebspitzen mit einem scharfen Messer ab und waschen sie. An Frosttagen ernten Sie besser nicht, die Pflanzen werden sonst geschädigt, weil die Triebe abbrechen. Ewiger Kohl ist ein unentbehrlicher Lückenfüller in der Zeit zwischen November und März. Wenn in der Küche nicht viel Kohl gebraucht wird, freuen sich Kleintiere wie Hühner und Kaninchen über die saftigen Blätter.

Sorten für den Herbst- und Winteranbau:

Es gibt keine Sorten, nur verschiedene Herkünfte. Sie unterscheiden sich durch hellgrüne oder dunkelgrüne, stärker bereifte Blätter.

Was schiefgehen kann

→ **Alle Kohlschädlinge** fliegen auf den Ewigen Kohl. Auf Kohlweißlingsraupen, Wollige Kohlblattlaus achten, absammeln oder durch Abdeckung mit Vlies abhalten.

Kohlblätter vom Strauch, wann immer Sie möchten. Der Ewige Kohl hat zu jeder Jahreszeit Blätter. Neben den grünen gibt es auch diese Form mit weiß-geränderten Blättern.

FELDSALAT

Valerianella locusta

Spickzettel

Schwierigkeitsgrad: 🍃
Frosthärte: ❄❄❄
Nährstoffbedarf: ⚇
Kulturdauer: ●●○

Geeignet für: HB, FB, B, GH, GB
Pflanzenfamilie: Geißblattgewächse, Caprifoliaceae
Pflanzenhöhe: 5 cm
Winteraussaat: M 8 bis E 9 Direktsaat
Pflanzenabstand: 5 × 10 cm
Lagerung: bleibt im Beet stehen, mulchen, abdecken
Fruchtfolge: selbstverträglich, mit anderen Gemüsen nicht verwandt
In der Küche: Ernte junger Blattrosetten, für Salate, Pesto

Er ist der kleine König der Wintersalate. Auf dem Acker heimisch können ihm die tiefsten Wintertemperaturen nichts anhaben.

Winterkultur

Wer für Herbst und Winterkultur zur Samentüte greift, sät meistens Feldsalat aus. Er ist der bekannteste Wintersalat. Das hat sowohl mit seiner Frosthärte als auch der einfachen Kultur und seinem feinen Geschmack zu tun. Die bei uns heimische Pflanze hat je nach Region andere Namen wie Ackersalat, Rapunzel oder Vogerlsalat. Wild findet man ihn noch auf ungedüngten Äckern und in Weinbergen. Säen Sie Feldsalat erst ab Mitte August aus. Bei über 20 °C keimt er nur ungleichmäßig, er mag es lieber kühler. Ruhig jede Woche eine Reihe mit Feldsalat aussäen, eine Tüte Samen ist sehr ergiebig. So staffelt sich später auch die Ernte. Feldsalat benötigt nur wenig Dünger, er zählt zu den Schwachzehrern. Die Nährstoffreste von der Vorkultur reichen für

Sorten für den Herbst- und Winteranbau:

'Dunkelgrüner Vollherziger': Blätter kurzgestielt, glänzend grün

'Elan': dunkelgrüne, rundliche Blätter, tolerant gegen Mehltau

'Favor': aufrechte, dunkelgrüne Blätter, raschwüchsig, tolerant gegen Mehltau

'Medaillon': breitrunde Blätter, kompakte Blattrosetten, tolerant gegen Mehltau

'Vit': dunkelgrüne, ovale Blätter, raschwüchsig, tolerant gegen Mehltau

sein Wachstum aus. Er steht bevorzugt auf lehmigen Böden. Die Samen können Sie in flachen Saatrillen im Abstand von 5 × 10 cm auslegen. Fallen die Samen zu eng, können Sie die kleinen Pflanzen umsetzen, das vertragen sie gut. Gepflanzter Feldsalat entwickelt gleichmäßig große Blattrosetten, da die einzelnen Pflanzen mehr Platz haben. Über die Winterhärte der kleinen Salatpflanzen brauchen Sie sich keine Gedanken zu machen, nur bei starken Kahlfrösten sollten Sie sie mit einer Reisig- oder Vliesauflage schützen. Für den Anbau im Frühbeet und Balkonkasten sind großblättrige Sorten geeignet. Die können Sie dann blattweise ernten, aus dem Herz wachsen Blätter nach und so können Sie eine Aussaat lange nutzen.

Coole Ernte

Feldsalat keimt noch bei 5 °C. Aber im Wachstum ist er nicht der schnellste. Es dauert 8 bis 9 Wochen, bis die Blattrosetten groß genug sind für die Ernte. Sie werden mit einem Stück Wurzel abgeschnitten, damit sie nicht auseinanderfallen. In der Küche werden die Blattrosetten gründlich gewaschen, sonst knirscht es später im Salat. Feldsalat ist ein aromatischer Wintersalat. Er lässt sich sowohl mit herzhaften Zutaten wie Schafskäse, Schinken, Pfannkuchenstreifen als auch mit Obst wie Weintrauben, Orangen, Birnen, Granatapfel oder Walnüssen mischen. Mit Nüssen, Käse und Öl gemixt wird er zum Pesto, doch am besten bleibt er als Salatrohkost. Gewaschen in einer Frischhaltedose bleibt Feldsalat 2 bis 3 Tage im Kühlschrank frisch.

Was schiefgehen kann

→ **Falscher Mehltau**: Auf den Blättern bildet sich ein weißer mehlartiger Belag. Die Blätter verfärben sich gräulich, später vergilben sie und sterben ab. Der Pilz tritt besonders im Gewächshaus und Frühbeet bei feuchter warmer Luft auf. Sie sollten für ausreichende Lüftung sorgen, widerstandsfähige Sorten wählen und ausreichend Abstand zwischen den Pflanzen lassen.

Sobald die Blätter aufgetaut sind, kann der Feldsalat geerntet werden.

FENCHEL

Foeniculum vulgare var. *azoricum*

Spickzettel

Schwierigkeitsgrad: 🍃🍃
Frosthärte: ❄
Nährstoffbedarf: ●●
Kulturdauer: ●–●–○

Geeignet für: HB, FB, B, GH, GB
Pflanzenfamilie: Doldenblütler, Apiaceae
Pflanzenhöhe: 40 bis 60 cm
Winteraussaat: M 7 bis A 8 Direktsaat, Ernte nach 12 bis 15 Wochen
Pflanzenabstand: 30 × 30 cm
Lagerung: bleibt im Beet stehen, mulchen, abdecken
Fruchtfolge: 4 Jahre Anbaupause, nicht nach Möhren, Pastinaken, Petersilie, Sellerie
In der Küche: Ernte der Knollen mit Blättern, für Gemüse, Pfannengerichte, überbacken

Die Kultur des Gemüse- oder Knollenfenchels stammt aus Italien. Dort wird er als Winterkultur zwischen Oktober und Mai angebaut. Die Ernte bei uns gelingt meist bis November.

Winterkultur

Fenchel keimt und wächst sehr langsam. Säen Sie den Samen in Aussaatkisten mit Anzuchterde aus. Für die Keimung braucht der Fenchel Temperaturen von 20 bis 22 °C. Es kann 2 Wochen dauern, bis sich die Keimlinge zeigen. Setzen Sie die Keimlinge einzeln in kleine Töpfe oder Erdpresstöpfe und achten darauf, dass die Wurzeln gerade in die Erde kommen und nicht abreißen, da sind die Pflanzen empfindlich. Wenn nach etwa 4 Wochen die Pflanzen drei bis vier Blätter gebildet haben, können sie ins Beet gesetzt werden. Lockern Sie den Boden vorher mit Hacke oder Sauzahn 30 bis 40 cm tief auf, dabei wird Kompost eingeharkt. Die Jungpflanzen sorgsam in die Erde setzen, nicht zu tief, aber so, dass der Fenchel seine Pfahlwurzel bilden kann. Fenchel benötigt humosen Boden mit ausrei-

Sorten für den Herbst- und Winteranbau:

'Zefa Fino': flachrunde weiße Knollen, auch für Anbau im Frühjahr geeignet, da schossfest

'Perfektion': breitrunde weiße Knollen, für die Herbsternte

'Selma': flachrunde weiße Knollen, für den Sommer- und Herbstanbau

chend Feuchtigkeit. Für das weitere Wachstum genügen 15 bis 18 °C. Wird es im Herbst kühler unter 8 °C, verlängert eine Abdeckung mit Vlies die Wachstumsphase. Achten Sie darauf, dass die jungen Pflanzen nicht von Unkraut bedrängt werden. Fenchel ist mit sich selbst unverträglich. In der Fruchtfolge sollten auch keine anderen Doldenblütler wie Möhren, Pastinaken oder Sellerie im Beet folgen. Als mediterranes Gemüse verträgt Fenchel nur geringe Frosttemperaturen bis −5 °C. Sind tiefere Temperaturen angesagt, sollten Sie ernten und den Fenchel kühl lagern. Aus dem Gewächshaus können Sie meist bis Ende Dezember ernten.

Coole Ernte

Fenchel wächst sehr langsam, es dauert von der Aussaat bis zur Ernte etwa 4 Monate. Der Anbau lohnt sich, da Fenchel selten im Handel angeboten wird. Er ist eine Abwechslung zu den vielen Kohlarten, die oft das Bild im Herbstgarten bestimmen. Der fleischig, verdickte Blattgrund bildet beim Fenchel eine Zwiebel, umgangssprachlich sprechen wir von Fenchelknollen. Das Laub ist feinblättrig wie beim Dill. Die Sorten unterscheiden sich nur wenig in der Form ihrer Knolle, mal sind sie hochrund, mal plattrund, das Fleisch ist immer weiß. Alle Pflanzenteile verströmen durch ihren Gehalt an ätherischen Ölen einen aromatischen Geruch. In der Küche werden die Knollen geputzt, auch die fleischigen Blattstiele und die Blätter können mit zubereitet werden. Fenchel bietet eine milde Rohkost, kann gedämpft oder gebacken zubereitet werden, zum Beispiel als Auflauf mit Kartoffeln. Fenchel passt zu vielen Gerichten der mediterranen Küche. Im Gemüsefach halten sich die Knollen etwa 1 Woche lang frisch.

Was schiefgehen kann

→ **Wildverbiss:** Der aromatische Geruch zieht Wildkaninchen, Rehe und Schnecken an, die die Pflanzen abfressen. Es hilft, die Beete einzuzäunen oder mit Vlies abzudecken.

→ **Nematoden:** Einzelne Pflanzen zeigen Wachstumsstörungen, vergilbte Blättern, bei der Ernte an den Wurzeln knötchenartige Verdickungen. Wenn Sie Anbaupausen von 4 Jahren und Fruchtwechsel einhalten, beugen Sie dem Nematodenbefall vor.

Von der Knolle bis zum Blatt kann bei Fenchel die gesamte Pflanze genutzt werden.

FLEISCH-KRAUT

Cichorium intybus var. foliosum

Das Fleischkraut oder Zuckerhut gehört zu den Zichoriensalaten. Seinen Namen hat es von dem originellen Aussehen der hohen, zusammengedrehten Blattköpfe.

Winterkultur

Fleischkraut wird selten angebaut, dabei ist es eine einfache Kultur, bietet einen schmackhaften Herbstsalat und lässt sich gut lagern. Die Zichoriensalate stammen aus Italien, ihre Winterfestigkeit ist daher gering, sie vertragen Frosttemperaturen bis etwa −5 °C. Ausgesät wird erst, wenn die Tage kürzer werden, es aber noch sommerlich warm ist. Als Langtagpflanze schaltet das Fleischkraut sonst auf Blütenbildung um und es wächst kein Zuckerhutkopf. Fleischkraut benötigt eine warme Aussaat in Anzuchtschalen oder im Freien in einem Anzuchtbeet bei Temperaturen über 20 °C. Es vergehen 4 Wochen, bis die Pflanzen groß genug sind zum Umsetzen. Fleischkraut benötigt einen sonnigen Platz, humosen, lehmigen Boden mit guter Wasserversorgung. Als Dünger genügt den Pflanzen, wenn 3 bis 5 l/m² Kompost ausgestreut werden. Die Pflanzen mit ausreichend Abstand 40 × 40 cm nicht zu tief in die Erde setzen, der Wurzelhals soll noch über der Erde stehen. Bis die Pflanzen mit ihren breiten Blättern die Beetreihen beschatten, dort mit der Hacke das Unkraut entfernen. Bleibt es im August/September trocken, sollten Sie die Pflanzen durchdringend gießen, sonst stockt das Wachstum. Fleischkraut und andere Zichorien erst nach 4 Jahren wieder auf dem gleichen Beet anbauen.

Spickzettel

Schwierigkeitsgrad: 🍃
Frosthärte: ❄
Nährstoffbedarf: ●●
Kulturdauer: ●–●–○

Geeignet für: FB, GB, GH, HB
Pflanzenfamilie: Korbblütler, Asteraceae
Pflanzenhöhe: 30 bis 50 cm
Winteraussaat: M 7 bis M 8 Vorkultur in Saatschalen oder Anzuchtbeet
Pflanzenabstand: 40 × 40 cm
Lagerung: mit Wurzelballen in Kisten frostfrei 2 bis 3 Monate
Fruchtfolge: nicht nach anderen Korbblütlern
In der Küche: Ernte der ganzen Köpfe, für gemischte Salate, geschmort

Sorten für den Herbst- und Winteranbau:

'Zuckerhut': Kopf hochrund, spitz zulaufend

'Uranus': schlanker, hochgeschlossener Kopf

Coole Ernte

Wird es draußen zu kalt, nehmen Sie die Fleischkrautköpfe mit dem Wurzelballen aus dem Beet, bevor ein stärkerer Frost ihnen schadet, und zupfen die alten Blätter ab. Die Pflanzen können in ein frostfreies Gewächshaus in Erde gesetzt werden. Aufrecht eingestellt in Kisten an einem frostfreien Ort wie einem Erdkeller lagern sie gut 2 bis 3 Monate. Mit seinen kegelförmigen hohen Köpfen erinnert Zuckerhutsalat an Chinakohl. Bei der Ernte schneiden Sie die äußeren Blätter der Köpfe ab, der innere, hellgelbe Teil der Blätter wird zubereitet. Fleischkraut eignet sich roh für die Zubereitung von Salaten, kann aber auch gedünstet und überbacken werden. Die Blätter schmecken würzig und leicht bitter durch das Intybin, den typischen Bitterstoff der Zichorienpflanzen. Mit zunehmendem Alter schmecken die Blätter milder.

Was schiefgehen kann

→ **Blattläuse:** Pflanzreihen mit feinmaschigen Gemüseschutznetzen abdecken.

→ **Grauschimmel**: Kann an reifen Köpfen bei feuchtwarmem Wetter auftreten, dann Köpfe ernten, faule Blätter entfernen und in Kisten oder Gewächshaus einlagern.

Die Köpfe vom Fleischkraut werden ähnlich riesig wie Kohlpflanzen.

GARTENMELDE

Atriplex hortensis

Sie ist ein Gemüse aus Omas Küche. Dort wurde sie als frühestes Spinatgemüse genutzt. Aber warum Melde nicht auch mal im Herbst aussäen?

Spickzettel

Schwierigkeitsgrad: 🍃
Frosthärte: ❄
Nährstoffbedarf: ●
Kulturdauer: ●-○-○

Geeignet für: HB, FB, B, GH, GB
Pflanzenfamilie: Fuchsschwanzgewächse, Amaranthaceae
Pflanzenhöhe: 20 bis 30 cm
Winteraussaat: A 8 bis E 9 Direktsaat, Ernte junger Blätter nach 6 bis 7 Wochen
Pflanzenabstand: 5 × 20 cm
Lagerung: Blätter erfrieren bei Frost
Fruchtfolge: nicht nach Mangold, Rote Bete oder anderen Fuchsschwanzgewächsen
In der Küche: Ernte junger Blätter, roh für gemischte Salate, Spinatgemüse

Winterkultur

Melde, Melle oder auch Maimoos wird die Pflanze mit den großen zarten dreieckigen Blättern genannt. Sie gilt als frühestes Spinatgemüse, kann aber nach der Sommerhitze auch wieder im Herbst ausgesät werden. Für den Düngerbedarf der Melde das Beet mit 2 bis 3 l Kompost versorgen und mit der Hacke den Boden lockern. Meldesamen sind von einer papierartigen Hülle umgeben, dadurch recht groß und leicht zu händeln. Säen Sie den Samen in Reihen mit 30 cm Abstand aus, bedecken ihn mit Erde und drücken mit der Harke an. Die Samen keimen noch bei kühlen Temperaturen von 12 °C nach wenigen Tagen. Bei kühlem Wetter und genügend Feuchtigkeit wächst Melde rasch. Wie bei

Sorten **für den Herbst- und Winteranbau:**
Die Sorten sind nach der Farbe ihrer Blätter benannt. So unterscheidet man eine Hellgrüne, auch als Gelbe Melde bezeichnet, Dunkelgrüne und Rotblättrige Melde.

Spinat werden ihre Blätter geerntet. Meldepflanzen wachsen gleich in die Höhe, sie bilden anders als der Spinat kein Blattrosette. Nach dem ersten Schnitt der Triebspitzen entwickeln sich neue Blätter für eine weitere Ernte. Bei Hitze und Trockenheit schießen die Pflanzen in die Höhe und bilden nur kleine Blätter. Die zarten Blätter vertragen nur geringe Frostgrade. Der Anbau im Schutz eines Frühbeetkastens oder Gewächshauses verlängert die Ernte bis in den Dezember.

Coole Ernte

Der echte Spinat hat schon seit dem 16. Jahrhundert die Melde in der Nutzung verdrängt, ihr Anbau und ihre Zubereitung ist heute nur noch in wenigen Regionen bekannt. Im Rheinland und in Westfalen hat sich der Anbau in Hausgärten noch stellenweise erhalten. Die Meldeblätter sind weich und fleischig, man kann mit ihnen alle Spinatrezepte zubereiten. Roh können die kleingeschnittenen Blätter gemischten Salaten beigegeben werden. Die rotblättrigen Formen bringen Farbe in den Herbstsalat. Gekocht fällt die Blattmasse ähnlich stark zusammen wie beim Spinat. Nur kurz blanchieren und abschütten, sonst zerfallen die Blätter zu Brei. Die Blätter welken nach dem Abpflücken schnell, daher gibt es sie wahrscheinlich nicht im Handel. Ein Anbau im Hausgarten ist somit eine Besonderheit, mit der Sie in der Küche experimentieren können.

Was schiefgehen kann

Im Herbst bei kühleren Temperaturen ist die Kultur unproblematisch. Wenn noch Schnecken aktiv sind, können sie an den zarten Blättern fressen. Schwarze Bohnenläuse treten meist nicht mehr auf, sie sind eher im Frühjahr ein Problem.

Die frischgrünen Blätter der Gartenmelde sind im Herbstgarten ein eher ungewöhnlicher Anblick. Sie ist meist als Frühjahrsgemüse bekannt.

Spickzettel

Schwierigkeitsgrad: 🍃🍃
Frosthärte: ❄❄❄
Nährstoffbedarf: ●●●
Kulturdauer: ●–●–●

Geeignet für: HB, B, GB
Pflanzenfamilie: Kreuzblütler, Cruciferae
Pflanzenhöhe: 40 bis 150 cm
Winteraussaat: E 5 bis E 6 Vorkultur, Ernte der Blätter nach 5 bis 7 Monaten
Pflanzenabstand: 40 × 50 cm
Lagerung: bleibt im Beet stehen, mulchen
Fruchtfolge: nicht nach anderen Kreuzblütlern
In der Küche: Ernte der Blätter, für Gemüse, Suppen, Quiche, Smoothies

GRÜNKOHL

Brassica oleracea var. sabellica

Beim Grünkohl müssen wir uns um seine Winterhärte keine Gedanken machen. Kühle Temperaturen verbessern sogar den Geschmack der krausen Blätter.

Winterkultur

Als nicht kopfbildender Blätterkohl hat der Grünkohl noch die größte Ähnlichkeit mit dem Wildkohl. Grünkohl stellt nicht so hohe Ansprüche an den Boden wie Kopfkohl. Er wächst auch noch auf sandigeren Böden, wenn er mit Kompost versorgt ist. Für die Vorkultur der Pflanzen säen Sie ab Mai bis Anfang Juni die Samen in Saatschalen oder im Frühbeet aus. Danach vereinzeln Sie die Keimlinge in größere Töpfe oder Erdpresstöpfe. Starke Jungpflanzen mit vier bis fünf Blättern sollten Sie bis Mitte Juli auspflanzen. Sie folgen nach Erbsen oder Kopfsalat in die Beete, die abgeerntet sind. Um den Grünkohl für seine lange Wachstumszeit mit Nährstoffen zu versorgen, wird im Spätsommer noch eine organische Düngung gegeben, das kann auch flüssig in Form von Brennnesseljauche erfolgen. Trotzdem fallen die unteren alten Blätter ab, die Krone bildet ständig neue Blätter. Die Pflanzen wachsen auch im kühlen Herbstwetter immer weiter. Sorten mit niedrigem bis mittelhohem Wuchs haben eine höhere Winterhärte als die hoch wachsenden „Palmen“. Deren frei stehende Blattschöpfe bekommen schon mal

Sorten für den Herbst- und Winteranbau:

'Lerchenzungen': sehr fein gekrauste, schmale Blätter, herabhängend, 70 bis 90 cm hoch

'Niedriger Grüner Krauser': feingekrauste, dunkelgrüne Blätter, 40 bis 60 cm hoch

'Vitessa': mittel- bis feingekrauste Blätter, 50 bis 70 cm hoch

'Westländer Winter': feingekrauste Blätter, standfest, 80 bis 100 cm hoch

einen starken Frost ab. Durch kühle Temperaturen unter 5 °C wird das Aroma des Grünkohls milder und süßer, da sich der Zucker in den Blättern nicht in Stärke umwandelt. Die Ernte der Blätter beginnt ab November und zieht sich über den ganzen Winter.

Coole Ernte

Es gibt beim Grünkohl Sorten mit dunkelgrünen, aber auch mit rötlichen und violettgrünen Blättern. Beliebt sind Sorten mit stark gekrausten Blättern, die wie krause Petersilie aussehen. Wer eine Mahlzeit aus Grünkohl zubereiten will, pflückt die benötigte Menge Blätter frisch aus dem Garten. Die Pflanzen werden von unten nach oben entblättert. Die Krone, der Blattschopf, wird als letztes geerntet. Ziehen Sie die kahlen Strünke nicht aus, sondern lassen Sie sie im Garten stehen. Aus den Blattachseln treiben im Frühjahr Seitentriebe wie offene Rosenkohlsprossen aus. Sie bieten ein zartes Frühjahrsgemüse. In der Küche die krausen Blätter mit viel Wasser gründlich waschen, vom harten Blattstiel abstreifen und fein schneiden. Grünkohl sollte nicht stundenlang totgekocht werden. Fein geschnitten reichen kurze Garzeiten aus, um ihn bekömmlich zuzubereiten. Den typischen Geschmack ergeben Senföle und Zucker, die sich bei niedrigen Temperaturen anreichern. Grünkohl enthält neben den Vitaminen C und A einen hohen Eiweißanteil.

Was schiefgehen kann

→ **Kohlhernie:** verdickte, klumpige Wurzeln, Pflanzen welken, mit allen Kreuzblütlern 4-jährigen Fruchtwechsel einhalten, pH-Wert zwischen 6,7 bis 7, sonst Kalk streuen.

→ **Weiße Fliege, Kohlmottenschildlaus:** Beim Berühren der Pflanzen fliegen kleine, weiße Insekten auf, sitzen unter den Blättern, bei trockenem Wetter Pflanzen wässern. Feinmaschige Insektenschutznetzte halten die meisten Kohlschädlinge von den Pflanzen fern.

Selbst der aus Italien stammende Toskanische Palmkohl hält einige Frostgrade aus.

HAFER-WURZEL

Tragopogon porrifolius

Die Haferwurzel findet sich noch nicht im Gemüseangebot der Supermärkte. Das aromatische Wurzelgemüse ist zu Unrecht in Vergessenheit geraten.

Winterkultur

Als Wurzelgemüse besetzen Haferwurzeln oder Weißwurzeln, wie sie auch genannt werden, lange das Beet. Ihre Samen müssen früh ab März ausgesät werden, um ab Oktober Wurzeln zu ernten. Die Qualität des Saatgutes und ein tief gelockerter Boden bestimmen mit, ob die Wurzeln gerade wachsen oder ob Sie kurze, stark verzweigte Wurzeln ernten. Steinreicher Boden eignet sich nicht für den Anbau. Lockern Sie den Boden vor der Aussaat tief auf, zum Beispiel mit einem Sauzahn, und säen die stäbchenförmigen Samen im Abstand von 3 bis 5 cm aus. Zu dicht stehende Pflanzen können später vereinzelt werden. Der Reihenabstand kann zwischen 25 und 30 cm liegen. Nicht ungeduldig werden, die Keimung kann bis zu 3 Wochen dauern, bis die schmalen gekielten Blätter zu erkennen sind. Die Aussaat und die jungen Pflanzen sollten nicht austrocknen, bei zu viel Frühlingssonne also gießen. Das Wurzelwachstum setzt erst spät ab August ein. Die Wurzeln werden etwa so dick wie eine Möhre und werden ab Oktober geerntet. Die Haferwurzel ist winterhart. Solange der Boden nicht gefroren ist, kann nach Bedarf geerntet werden. Die Wurzeln sorgsam mit der Grabegabel ausgraben und nicht verletzen, sonst tritt ein weißer Milchsaft aus. Wenn im Herbst die

Spickzettel

Schwierigkeitsgrad:

Frosthärte:

Nährstoffbedarf:

Kulturdauer:

Geeignet für: HB, GB

Pflanzenfamilie: Korbblütler, Asteraceae

Pflanzenhöhe: 25 bis 30 cm

Winteraussaat: M 3 bis A 5 Direktsaat, Ernte der Wurzeln ab 10

Pflanzenabstand: 5 × 20 cm

Lagerung: bleibt im Beet stehen, dann abdecken, Erdmiete, Sandkiste

Fruchtfolge: nicht nach anderen Korbblütlern

In der Küche: Ernte der Wurzeln, als Gemüse, Eintopf, Auflauf, Rahmsuppe

Mäuse und Wühlmäuse in den Garten ziehen, die Haferwurzeln besser ausgraben und in der Erdmiete oder in feuchten Sand geschichtet einlagern. In milden Wintern bleibt das Laub grün, sonst stirbt es ab und treibt im Frühjahr neu aus. Dann streckt sich die Blattrosette und es bildet sich ein Blütenstand mit großen pinkfarbenen Blüten.

Sorten für den Herbst- und Winteranbau:

Die Haferwurzel wurde züchterisch noch nicht weiterentwickelt. Meist wird nur die Art gehandelt.

'Sandwich Island': lange weiße Wurzeln, wenig Seitenwurzeln

Coole Ernte

Wenn Sie es geschafft haben, gerade, nicht verzweigte Wurzeln zu ernten, lassen diese sich gut in der Küche verarbeiten. Sie werden mit einer Gemüsebürste gewaschen und die dünne weiße Schale mit dem Sparschäler geschält. Die Schale ist dünner als bei Schwarzwurzeln, aber auch die Haferwurzel besitzt Milchkanäle in der Wurzel. Der Milchsaft klebt an den Fingern und die geschälten Wurzeln färben sich braun. Dagegen helfen Einmalhandschuhe und ein Topf mit Essigwasser. Die Haferwurzeln in Stifte schneiden und in Wasser weich kochen, als Gemüse mit Butter oder heller Soße anrichten. Haferwurzeln sind im Geschmack würzig und leicht süß, sie enthalten den Zucker Inulin als Reservestoff. Als Winter-Wurzelgemüse passen sie als Beilage zu Geflügel und Fleischgerichten. Bisher gibt es Haferwurzeln noch nicht auf Märkten zu kaufen, Sie bauen eine Rarität im Garten an.

Was schiefgehen kann

→ **Beinige Wurzeln:** Wurzelverformungen durch Bodenverdichtung oder Steine, Boden tief lockern.

→ **Mäuse, Wühlmäuse**: angefressene Wurzeln, dann Wurzeln ernten und einlagern, Fallen aufstellen.

Weil sie im zweiten Jahr so schön rosa blüht, sollten Sie einige Haferwurzeln im Beet stehen lassen.

HERBSTRÜBEN

Brassica rapa ssp. rapa

Wie zu groß geratene Radieschen sehen die Herbstrüben aus. Sie haben aber eine dickere Schale, die für die Zubereitung abgeschält wird.

Spickzettel

Schwierigkeitsgrad:

Frosthärte:

Nährstoffbedarf:

Kulturdauer:

Geeignet für: B, FB, HB, GH, GB

Pflanzenfamilie: Kreuzblütler, Cruciferae

Pflanzenhöhe: 20 bis 30 cm

Winteraussaat: E 7 bis A 9 Direktsaat, Ernte junger Blätter nach 6 bis 10 Wochen

Pflanzenabstand: 20 × 30 cm

Lagerung: in Erdmieten und Erdkeller

Fruchtfolge: nicht nach anderen Kreuzblütlern

In der Küche: Ernte der Rüben, als Rohkost, als Gemüse gegart, gebraten, milchsauer eingelegt

Winterkultur

Die großen Samen in der Reihe möglichst mit Abstand von 5 bis 8 cm auslegen, damit die Rübchen Platz haben zum Wachsen. Um Rübchen über einen langen Zeitraum ernten zu können, säen Sie gestaffelt zweimal im Abstand von einer Woche aus. Nach der Keimung zu eng stehende Pflanzen ziehen Sie aus, sonst bleiben die Rübchen zu klein. Rübchen bevorzugen sandigere Böden, in lehmigen Böden verlieren sie ihren typischen Geschmack. Vor der Kultur sollte nicht gedüngt werden, die Pflanzen nutzen die Restnährstoffe der Vorkultur aus. Bleibt der August trocken, gießen Sie die Pflanzen. Sie wachsen zügig heran. Im Herbst werden sie seltener von Schädlingen befallen als im Frühjahr, wenn sie als Mairüben ausgesät werden. Da die Speiserüben zur großen Familie der Kreuzblütler gehören, unbedingt einen 4-jährigen Fruchtwechsel einhalten.

Die Ernte beginnt, wenn einzelne Rübchen groß genug sind. Wie bei Radieschen ziehen Sie diese Pflanzen heraus, die übrigen dürfen weiter wachsen. Wegen des hohen Wassergehaltes der Rüben sind sie nicht sehr frosthart. Sind Temperaturen unter −5 °C angesagt, ernten Sie die Rübchen, schneiden Laub und lange Wurzeln ab und lagern sie in der Erdmiete oder in Sand im Erdkeller ein. Dort sind sie für mehrere Wochen lagerfähig.

Coole Ernte

Speiserüben, Stoppel-, Herbst- oder Wasserrüben haben je nach Sorte unterschiedliche Rübenformen. Die Rüben können kugelrund, flachrund oder lang sein. Die Rinde ist meist weiß, mit grünem oder violettem Kragen am oberen Rübenende. Das weiße bis gelbliche Fleisch ist fest und saftig. Die Sorte 'Teltower Rübchen' fällt durch ihr festeres, aromatisches Fleisch auf. In der Küche die Rübchen schälen, das ist mit dem Sparschäler bei den langen Rüben einfacher als bei flachrunden Formen. Als Rohkost das Fleisch in Stifte schneiden oder reiben. Für die Zubereitung als Gemüse die Rübchen vierteln, in Salzwasser garen oder in der Pfanne anbraten. Etwas karamellisierter Zucker verfeinert den Geschmack. Die geriebenen Rübchen können Sie milchsauer einlegen. Die Blätter der Rübchen sind essbar und geben eine grüne Dekoration auf dem angerichteten Gemüse.

Sorten für den Herbst- und Winteranbau:

'Runde weiße Rotköpfige': runde Rübe, weiß mit rotem Kopf, kräftiges Laub

'Golden Ball': runde Rübe, gelbbraun, gut zu lagern

'Teltower Kleine': Rübe kegelförmig, weiß, festeres Fleisch als andere Sorten, frostfest

'Ulmer Ochsenhörner': lange, gebogene Rübe, halb über der Erde, weiß mit rotem Kopf

Was schiefgehen kann

→ **Erdflöhe**: kleine, hüpfende Käfer, fressen Löcher in die Blätter, bei Trockenheit gießen, Feuchtigkeit vertreibt die Käfer.

→ **Kohlhernie**: verdickte Wurzeln, Pflanzen welken, Fruchtwechsel von 4 Jahren mit allen Kreuzblütlern einhalten.

Die Rüben der Sorte 'Ulmer Ochsenhörner' schauen halb aus der Erde heraus.

HIRSCHHORN-WEGERICH

Plantago coronopus

Spickzettel

Schwierigkeitsgrad: 🍃
Frosthärte: ❄ ❄ ❄
Nährstoffbedarf:
Kulturdauer: ●–●–○

Geeignet für: B, FB, HB, GH, GB
Pflanzenfamilie: Wegerichgewächse, Plantaginaceae
Pflanzenhöhe: 5 bis 20 cm
Winteraussaat: A 8 bis E 9 Direktsaat, Ernte junger Blätter nach 6 bis 8 Wochen
Pflanzenabstand: 5 × 20 cm
Lagerung: bleibt im Beet stehen, mulchen, abdecken
Fruchtfolge: mehrjährig, kann 2 bis 3 Jahre am Platz stehen
In der Küche: Ernte junger Blätter, für gemischte Salate, Nudelgerichte

Winterhart, trittfest und salzverträglich, welches Kraut hält das aus? Aber auf unserem Salat sollten wir nicht herumtrampeln!

Winterkultur

Sternkraut, aus dem italienischen *Herba Stella*, oder Krähenfuß wird diese Wegerich-Art auch genannt. Die anspruchslose Pflanze wächst auf trockenen, sonnigen Standorten, deren Böden leicht salzhaltig sein können. In Deutschland breitet sie sich auf dem Bankett am Straßenrand aus, dem Streusalz sei Dank. In Italien, besonders in der Toskana, ist sie ein fester Bestandteil in dem gemischten Salat „Misticanza“.

Um die feinen Wegerich-Samen dünn auszusäen, mischen Sie die Samen mit etwas feinem Sand. Wer die Mehrarbeit nicht scheut, sät die Samen in Anzuchtschalen und pflanzt die kleinen Rosetten mit 15 bis 20 cm Abstand ins Beet. Für die Herbstaussaat benötigt das Beet keine Düngung, die Restnährstoffe reichen dem Wegerich aus. Mit seinem rosettenartigen Wuchs lässt sich Hirschhornwegerich problemlos in Töpfen und Balkonkästen kultivieren.

In milden Wintern und aus dem Frühbeet können Sie die Pflanzen durchgehend ernten. Auf zu lehmigen Böden faulen manchmal die dichten Rosetten im Winter durch Nässe. Wählen Sie im Garten einen Standort als Beeteinfassung oder am Beetrand, im Kräuterbeet, wo die Pflanzen 2 bis 3 Jahre stehen können, ohne sie zu verpflanzen. Hirschhornwegerich ist winterhart und wächst mehrjährig. Unter einer Schneedecke ist er am besten geschützt. Bei Kahlfrösten legen Sie Vlies oder Reisig über die Pflanzen. Der Wegerich ist bis etwa −10 °C winterhart, unter einer isolierenden Schneedecke sicher noch bei tieferem Frost.

Coole Ernte

Nach etwa 8 Wochen kann die Blatternte beginnen. Die schmalen grünen Blätter sind geweihartig verzweigt. Wenn Sie die einzelnen Pflanzen mit weitem Abstand setzen, breiten sich die Blattrosetten flach am Boden aus. Enger gepflanzt, drücken sich die Blätter nach oben, sie lassen sich besser schneiden und sind weniger mit Erde verschmutzt. Je trockener die Pflanzen stehen, desto härter wird das Blatt und bildet silbrige Härchen. Wenn Sie viel Wegerich für die Küche benötigen, fassen Sie die Blattrosette am Schopf zusammen und schneiden mit dem Messer alle Blätter ab. Nur das Herz soll stehen bleiben, dann treiben wieder frische Blätter nach. Wird nur wenig gebraucht, ernten Sie in der Reihe mit der Hand nur die großen Blätter. Sie sind fleischig dick und schmecken nussig, bitter und leicht salzig. Sie eignen sich als Beimischung zu allen gemischten grünen Salaten. Frittiert in salziger Butter oder Olivenöl schmecken sie zu Pastagerichten, Eieromeletten oder als Füllung von Teigtaschen.

Sorten für den Herbst- und Winteranbau:

Im Saatguthandel ist nur die Art zu bekommen. Noch gibt es keine Sorten.

'Misticanza': Samenmischung, die außer Hirschhornwegerich verschiedene Schnittsalate, Rucola und Zichorien enthält. Je nach Saatgutanbieter mit unterschiedlicher Zusammensetzung.

Was schiefgehen kann

Als robuste Wildpflanze habe ich am Hirschhornwegerich bisher noch keine Schädlinge oder Krankheiten beobachtet. Winternässe auf dichten, lehmigen Böden kann dazu führen, dass Blätter abfaulen.

Der Wegerich kann als mehrjährige Salatpflanze kultiviert werden.

KNOLLEN-ZIEST

Stachys affinis

Seine Wurzelknollen sehen aus wie kleine Michelin-Männchen. Die Knöllchen roh zu knabbern, ist ein Spaß für Kinder und Erwachsene.

Winterkultur

Knollenziest stammt aus Asien, er wird vor allem in China und Japan angebaut und wurde im 19. Jahrhundert von dort nach Frankreich eingeführt. Dort wird er Crosnes genannt, bei uns heißt er auch Chinesische Artischocke oder Japanische Kartoffel.

Ähnlich wie Kartoffeln bildet Knollenziest unterirdische Ausläufer, die sich knollenartig verdicken. Um im Herbst zu ernten, setzen Sie die Knollen früh ab April in die Erde. Je drei Knollen 8 bis 10 cm tief im Abstand von 20 bis 25 cm in der Reihe. Der Abstand von Reihe zu Reihe sollte etwa 30 cm betragen. Vor dem Pflanzen als Nährstoffversorgung 3 bis 5 l Kompost in die Erde einharken. Ziest begnügt sich mit einem Beet im Halbschatten, wo sonst wenig Gemüsearten gedeihen. Nur zu trocken sollte es nicht werden, dann sollten Sie die Pflanzen gießen. Mehr Arbeit erfordert die Kultur aber nicht, bis zum Herbst können Sie den Ziest wachsen lassen. Die Stängel wachsen etwa 40 bis 50 cm hoch, verzweigen sich, bilden kleine Stauden mit einem Blatt, das an Zitronenmelisse erinnert. Die unterirdische Bildung der Knollen setzt erst spät im Herbst ein. Das Laub stirbt im Herbst ab, es beginnt dann, sich braun zu färben. Das ist das Zeichen, dass mit der Ernte begonnen werden kann.

Spickzettel

Schwierigkeitsgrad: 🍃

Frosthärte: ❄❄❄

Nährstoffbedarf: ●●

Kulturdauer: ●–●–●

Geeignet für: GH, GB

Pflanzenfamilie: Lippenblütler, Lamiaceae

Pflanzenhöhe: 40 bis 50 cm

Winteraussaat: A 4 Knollen stecken, Ernte der Knollen nach 6 Monaten

Pflanzenabstand: 20 × 30 cm

Lagerung: bleibt im Beet stehen

Fruchtfolge: kann als Dauerkultur ein Beet belegen

In der Küche: Ernte der Knollen, als Rohkost, gebraten, süßsauer eingelegt

Knollenziest ist winterhart, er kann im Beet stehen bleiben und als Dauerkultur angelegt werden.

Coole Ernte

Die Ernte beginnt etwa Anfang Oktober. Sandige Böden erleichtern die Ernte und das Waschen der Knollen. Man gräbt mit der Grabegabel die Stauden aus und zupft die Knöllchen von den Wurzeln. Von einer Pflanze lassen sich 10 bis 20 Knöllchen ernten. Die Knollen können den Winter über im Boden bleiben und nach Bedarf geerntet werden. So bleiben sie frisch und knackig, da sie keine feste Schale besitzen. Ähnlich wie bei Topinambur erwischt man nicht jedes Knöllchen oder Bruchstück. Sie treiben im Frühjahr wieder aus.

Etwas Ausdauer erfordert in der Küche das Säubern und Waschen der Knöllchen. Mit Wasser und einer weichen Gemüsebürste, manche greifen auch zur Zahnbürste, werden die Knollen gewaschen und abgetrocknet. Ihre Haut ist sehr dünn, sie werden nicht geschält. Die perlmuttweißen Knöllchen schmecken als Rohkost. Kurz in Butter angebraten schmeckt man den Stärkegehalt und den Zucker Stachyose. Als weitere Zubereitungsart können Sie die Knöllchen wie Gurken süß-sauer einlegen. Die Knöllchen lassen sich im Kühlschrank in Frischhaltedosen nur etwa einen Tag aufbewahren, dann welken sie und werden braun.

Sorten für den Herbst- und Winteranbau:
Es gibt noch keine Sorten. Der Knollenziest wurde noch nicht züchterisch bearbeitet. Nur wenige Gartenversandhäuser haben Knollenziest im Angebot. Pflanzknollen können Sie sich auf Gartenmärkten und Samentauschbörsen besorgen.

Was schiefgehen kann

→ **Wühlmäuse**: Sie haben die Ziestknollen zum Fressen gern. Patrouillierende Katzen im Garten schaffen Abhilfe, ansonsten die Wühlmausanzahl mit Fallen begrenzen.

→ **Viruskrankheiten:** Nach mehreren Jahren können die Pflanzen im Wachstum schwächeln. Die Ursache dafür können Viruskrankheiten sein, die durch Blattläuse übertragen werden. Durch die vegetative Vermehrung mit Pflanzknöllchen wie bei Kartoffeln werden Sie die Virosen nicht los. Dann hilft nur neues Pflanzgut zu besorgen.

So lustig sieht Fingerfood vom gebratenen Knollenziest auf Endiviensalat aus.

KOHLRABI

Brassica oleracea var. gongylodes

Bei Kohlrabi denkt jeder an den frühesten Anbau im Frühjahr. Der einfache Herbstanbau wird schlicht vergessen.

Winterkultur

Von den Kohlarten wächst der Kohlrabi am schnellsten. Bis die verdickte Sprossknolle geerntet werden kann, vergehen je nach Jahreszeit 8 bis 12 Wochen. Während der kühlen Herbsttemperaturen bleiben die Knollen besonders zart. Für die spätere Ernte wird ab Mitte Juli in Aussaatkisten oder im Aussaatbeet im Freiland gesät. Kohlrabi benötigt während der Anzucht warme Temperaturen. Wird es bei Aussaaten im Frühjahr zu kalt, kann ein Blühreiz ausgelöst werden, die Pflanzen bilden keine Knollen, sondern Blüten. Diese Gefahr besteht bei der Sommeraussaat nicht. Für das Wachstum genügen die kühlen Herbsttemperaturen. Sobald nach der Aussaat an den jungen Pflanzen nach den Keimblättern das folgende Blatt erscheint, pikieren Sie die Pflanzen in kleine Töpfe. Wenn die Jungpflanzen drei bis vier Blätter gebildet haben, kommen sie ins Beet. Kohlrabi ziehen lehmige Böden vor, sie gewähren eine gleichmäßige Wasserversorgung. Auf sandigen Böden, die leicht austrocknen, kann es nach dem Gießen zum Platzen der Knollen kommen. In den Rissen kann bei regnerischem Wetter Fäulnis entstehen. Salat, Sellerie und Radieschen sind gute Mischkulturpartner. Kohlrabi ertragen leichten Frost. Nicht ernten, wenn die Knollen gefroren sind. Sie können sie nutzen, wenn sie nach dem Frost wieder aufgetaut sind.

Spickzettel

Schwierigkeitsgrad: 1 Blatt

Frosthärte: 1 Schneeflocke

Nährstoffbedarf: 2 Symbole

Kulturdauer: 2 von 3

Geeignet für: B, FB, HB, GH, GB

Pflanzenfamilie: Kreuzblütler, Cruciferae

Pflanzenhöhe: 30 bis 40 cm

Winteraussaat: M 7 bis A 8 Vorkultur

Pflanzenabstand: 25 × 30 cm

Lagerung: im Lager, Erdkeller

Fruchtfolge: nicht nach anderen Kohlgewächsen, Kreuzblütlern

In der Küche: Ernte der Knollen, als Rohkost, Gemüse, Suppe, junge Blätter nutzen

Coole Ernte

Ernten Sie Ihren Kohlrabi, wenn die Knollen mindestens 8 cm Durchmesser haben. Riesensorten, deren Knollen ein Gewicht von 3 bis über 6 kg erreichen, sind nur für größere Haushalte praktisch, wenn Sie Kohlrabi einfrieren wollen. Die Knollen ziehen Sie per Hand aus dem Boden und schneiden mit einem scharfen Messer den Wurzelstrunk unterhalb der Knolle ab. Die Blätter der Kohlrabi an ihren langen Stielen abdrehen oder abschneiden. Junge Blätter sind zart und sollten ebenfalls in der Küche genutzt werden. Geschält und in Stifte geschnitten ergibt Kohlrabi eine leckere Rohkost, für die Schule oder fürs Büro. Ansonsten wird er gedünstet und mit hellen Soßen als Gemüse angerichtet, als Auflauf überbacken oder mit anderen Gemüsen in der Pfanne zubereitet. Die Knollen lassen sich in Erdmieten oder Erdkeller bei 0 bis 5 °C mehrere Wochen lagern.

Sorten für den Herbst- und Winteranbau:

'Blaril': Knollen blauviolett, gut lagerfähig

'Lanro': Knollen weißgrün, aufrechtes Laub an langen Stielen, lange Ernteperiode

Was schiefgehen kann

→ **Kohlhernie:** Pilzkrankheit, verdickte, aufgetriebene Wurzeln, befallene Pflanzen in den Restmüll geben, Boden-pH überprüfen, bei pH unter 5,6 Kalk geben, weiten Fruchtwechsel mit allen Kohlarten einhalten.

→ **Kleine Kohlfliege** (*Phorbia brassicae*): Die Maden fressen am Wurzelhals, Pflanzen welken und kippen um. Kulturschutznetze schon über die jungen Pflanzen legen, frischer Kompost und Mist an den Pflanzen lockt die Fliegen an. Nützlinge wie Laufkäfer fördern.

Eine Sorte blauer Kohlrabi wächst im Hochbeet.

KOPFKOHL

Brassica oleracea convar. capitata

Die Kopfkohlarten Wirsing, Weißkohl und Rotkohl gelten als klassische Wintergemüse. Sie gehören zu deftigen, wärmenden Mahlzeiten in der kalten Jahreszeit.

Spickzettel

Schwierigkeitsgrad: 🍃🍃
Frosthärte: ❄❄❄
Nährstoffbedarf: ●●●
Kulturdauer: ●–●–●

Geeignet für: HB, GB, GH
Pflanzenfamilie: Kreuzblütler, Cruciferae
Pflanzenhöhe: 30 bis 40 cm
Winteraussaat: A 5 bis E 5 Vorkultur, Ernte der Köpfe nach 6 bis 7 Monaten
Pflanzenabstand: 40 × 50 cm
Lagerung: bleibt im Beet stehen, abdecken, Erdmiete, Erdkeller
Fruchtfolge: nicht nach anderen Kreuzblütlern
In der Küche: Ernte der Köpfe, für Gemüse, Eintopf, Suppen, Auflauf, sauer eingelegt

Winterkultur

Weißkohl, Wirsing und Rotkohl werden schon Anfang Mai ausgesät, weil sie so lange wachsen müssen. Die Aussaat wird in Saatschalen gemacht, die Keimlinge danach in kleine Töpfe oder Erdpresstöpfe umgesetzt. Nach draußen ins Beet geht es im Juni, wenn die Pflanzen vier bis fünf Laubblätter gebildet haben. Setzen Sie die Jungpflanzen mit Wurzelballen sorgsam nicht zu tief ins Beet und gießen durchdringend an. Kohl als Großpflanze benötigt von allem viel: Nährstoffe, Wasser und Platz. Das Beet für den Kohl wird mit einer Gabe von 3 bis 5 l Kompost vorbereitet. Kohl gedeiht am besten auf lehmigen Böden oder Lößlehm, der die Feuchtigkeit hält. Der Boden-pH sollte zwischen 6,5 und 7 liegen, das beugt Kohlhernie vor. Unbedingt für alle Kohlarten und andere Kreuzblütler eine 4-jährige Fruchtfolge einhalten, um

Sorten für den Herbst- und Winteranbau:

'Filderkraut': Spitzkohl, kegelförmig spitze Köpfe, für Sauerkraut

'Marner Lagerweiß': Weißkohl, feste, runde Köpfe, zum Einlagern

'Langendijker Dauer': Rotkohl, schwarzrot bereifte Blätter, zum Überwintern und Einlagern

'Roodkop': Rotkohl, hochrunde, feste Köpfe

'Wirsing Hammer': Wirsing, Blätter blaugrün, stark gekräuselt

'Winterfürst 2': Wirsing, Blätter blaugrün, fein gekraust, zum Überwintern und Lagern

den Krankheiten und Bodenschädlingen vorzubeugen. Eine Mischkultur mit Sellerie lenkt den Kohlweißling ab. Kühle Herbsttage fördern das Wachstum und die Dichte der Köpfe. Je dichter und geschlossener die Köpfe sind, desto besser lässt sich der Kohl lagern. Ausgewachsene Pflanzen besitzen eine gute Frosthärte, der Wirsing kann sogar im Beet überwintern. Rotkohl und Weißkohl sollte besser eingelagert werden, die Köpfe können platzen und faulen dann.

Coole Ernte

Wirsing besitzt die größte Winterhärte, gefolgt vom Weißkohl. Rotkohl ist empfindlicher gegen Frost. Wenn Sie gerne Kohl anbauen, bereiten Sie ein Winterlager für die Köpfe vor. Bei wechselhaftem feuchtem Wetter sind die Köpfe in der Erdmiete oder Erdkeller besser aufgehoben. Um sie einzulagern, müssen die Köpfe ausgereift und fest sein. Sie werden mit der Grabegabel mit Wurzeln aus dem Beet gehoben, die Erde abgeschüttelt und die äußeren abstehenden Blätter entfernt. Die so vorbereiteten Köpfe werden in Erdmieten übereinander gelegt. Ein Lager im Erdkeller bei 1 bis 4 °C wäre optimal. So haben Sie den Winter über jederzeit frischen Kohl zur Verfügung oder können die Köpfe nach und nach verarbeiten. Selbstgemachtes Sauerkraut ist dabei wieder sehr beliebt.

Was schiefgehen kann

→ **Kohlhernie:** verdickte, verwachsene Wurzeln, Pflanzen welken, 4-jährigen Fruchtwechsel einhalten mit allen Kohlgewächsen, bei Boden-pH unter 6 Kalk streuen.

→ **Kohlweißling:** Raupen fressen die Blätter bis auf die Blattrippen nieder, absammeln, Kulturschutznetzte auflegen.

→ **Mehlige Kohlblattlaus:** Vermehrt sich besonders bei trockenem Herbstwetter. Kohl bildet keinen Kopf, Zuflug verhindern im Juni/Juli durch Insektenschutzvlies.

Wirsing zeichnet sich unter den Kopfkohlarten durch seine große Winterhärte aus.

LÖWENZAHN

Taraxacum officinale

Spickzettel

Schwierigkeitsgrad:
Frosthärte:
Nährstoffbedarf:
Kulturdauer:

Geeignet für: HB, FB, GB, GH
Pflanzenfamilie: Korbblütler, Asteraceae
Pflanzenhöhe: 20 bis 30 cm
Winteraussaat: M 3 bis M 5 Direktsaat, Ernte junger Blätter ab 9
Pflanzenabstand: 10 × 25 cm
Lagerung: bleibt im Beet stehen, Wurzeln treiben ab 11
Fruchtfolge: nicht nach anderen Korbblütlern
In der Küche: Ernte junger Blätter, für gemischte Salate, Pesto, Kräutersmoothie

Jeder kennt Löwenzahn, seine buttergelben Blüten und zarten Pusteblumen. Aber als Winter- und Frühlingssalat haben ihn wohl nur wenige bisher gegessen.

Winterkultur

Das heimische Wildkraut wird heute noch in der Natur gesammelt. Als Gemüse hat sich der feldmäßige Anbau von Löwenzahn nur im Saarland gehalten. Dort wird er im Herbst gerodet, die Wurzeln im Gewächshaus angetrieben und die gebleichten Blätter regional zwischen November und April auf den Märkten verkauft.

Im Garten säen Sie für große Blattrosetten und kräftige Wurzeln die feinen Samen zwischen März und Mai ins Beet. Die Samen nur dünn mit Erde bedecken, sie keimen langsam über einen Zeitraum von 3 Wochen. Gekauftes Saatgut hat keine Schirmchen mehr, sondern besteht nur aus dem gereinigten Samenkorn. Löwenzahn kann auf allen Böden angebaut werden. Lockern Sie den Boden vor der Aussaat bis in Spatentiefe mit Sauzahn oder Grabegabel auf. Junge Pflanzen können auf einen Abstand von 10 × 25 cm vereinzelt werden, wenn sie zu dicht stehen. Damit die Pflanzen viel Blattmasse bilden, sorgen Sie mit Kompost für eine ausreichende

Stickstoffdüngung. Löwenzahn wächst mehrjährig. Er bildet eine Pfahlwurzel, die tief im Boden sitzt. Er wächst noch an milden Wintertagen und ist völlig frosthart. Kultivieren Sie den Löwenzahn als Staude mehrere Jahre auf demselben Beet, legen Sie nach 4 bis 5 Jahren eine Anbaupause ein. Im Mai können Sie auch die Blüten nutzen und daraus Löwenzahngelee herstellen. Die Pflanzen sollten im Garten nicht zur Samenentwicklung kommen, denn sonst nimmt der Löwenzahn den ganzen Garten ein.

Coole Ernte

Junge grüne Blätter können Sie schon über den Sommer von den Pflanzen ernten. Um die Blätter zu bleichen, häufeln Sie im Herbst die Reihen mit den Pflanzen seitlich mit Erde an, sodass sie bis zu den Blattspitzen zugeschüttet sind. Zur Ernte die Pflanzen mit der Hand freilegen, vorsichtig abschneiden, um das Herz nicht zu beschädigen. So treiben die Löwenzahnwurzeln neu aus. Einzelne Pflanzen können Sie bleichen, indem Sie ihnen für 2 Wochen einen dunklen Eimer überstülpen. Wenn Sie die Löwenzahnwurzeln wie Chicorée im Winter antreiben möchten, graben Sie starke, etwa 10 bis 15 cm lange Wurzeln ab Dezember vor dem Frost aus. Die

Sorten **für den Herbst- und Winteranbau:**

'Lyonell': tief eingeschnittene, gezähnte Blätter mit mildem Geschmack

'Nouvelle': schwach eingeschnittene Blätter, geeignet zum Treiben der Wurzeln

'Verbesserter Vollherziger': tief geschlitzte Blätter, viel Blattmasse

Wurzeln schlagen Sie in Kisten in Erde ein und stellen sie kühl, aber frostfrei auf. Zum Treiben nach Bedarf die Wurzeln senkrecht in Kisten oder Töpfe mit Erde eintopfen, mit warmem Wasser angießen, dunkel, aber warm bei etwa 15 °C aufstellen. Nach 2 bis 3 Wochen können Sie zarte Blätter für den Salat ernten. Das Besondere am Löwenzahnsalat ist sein pikanter bitterer Geschmack. Die Bitterstoffe regen den Stoffwechsel an. Die Blätter enthalten viele Vitamine und Mineralstoffe. Das ist heimisches Superfood.

Was schiefgehen kann

Selbst bei feldmäßigem Anbau sind Krankheiten und Schädlinge sehr selten. Nur die Kaninchen mümmeln mit. Löwenzahn wächst in jedem Klima bis in Höhenlagen. Er ist widerstandsfähig gegen Trockenheit und ist auch beim Boden nicht wählerisch.

Gebleicht schmecken die Blätter des frisch geernteten Löwenzahns milder.

MANGOLD

Beta vulgaris ssp. cicla

Spickzettel

Schwierigkeitsgrad: 🍃

Frosthärte: ❄ ❄

Nährstoffbedarf: ● ●

Kulturdauer: ●–●–○

Geeignet für: HB, FB, B, GH, GB

Pflanzenfamilie: Fuchsschwanzgewächse, Amaranthaceae

Pflanzenhöhe: 15 bis 50 cm

Winteraussaat: E 7 bis M 9 in Saatkisten, Jungpflanzen setzen Juli/August, direkt aussäen ab E 8 bis E 9

Pflanzenabstand: Baby Leaf 15 × 15 cm, große Pflanzen 30 × 30 cm

Lagerung: bleibt im Beet stehen, mulchen, abdecken

Fruchtfolge: nicht nach Spinat oder Rote Bete

In der Küche: jung ernten als Baby Leaf, ausgewachsene Blätter blanchieren

Eine Handvoll Mangoldpflanzen ernährt eine vierköpfige Familie! Die bunten Riesen sind unkaputtbar und lassen sich auch durch frostige Temperaturen nicht beeindrucken.

Winterkultur

Die Pflanzen bilden große, blasige Blätter und breite Stiele. Je nach Sorte variiert die Blattfarbe zwischen gelbgrün oder rotgrün. Stängel und Mittelrippen der Blätter können je nach Sorte weiß, pink, tiefrot oder orangegelb sein. Die Stängelfarbe zeigt sich schon bei den gekeimten Pflanzen. Die Sorten mit weißen Stielen eignen sich am besten für den Herbst- und Winteranbau. Vier Wochen vor dem Auspflanzen säen Sie in Saatkisten mit Aussaaterde aus. Die Jungpflanzen werden Ende August/Anfang September in die Beete gesetzt. Bei einer engen Pflanzung bilden sich weiche zarte Blätter. Mit weiten Abständen gepflanzt wachsen Einzelpflanzen mit großen Blättern. Wollen Sie den Mangold als Baby Leaf ernten, säen Sie die Samen dicht in Reihen aus. Mangold liebt einen kalkhaltigen, mit Kompost versorgten Boden. Vor dem Pflanzen den Boden mit dem Sauzahn lockern, damit die rübenartige Pfahlwurzel in die Tiefe wachsen kann. Wenn es im Spätsommer wenig regnet, benötigt der Mangold Wasser aus der Gießkanne. Die Pflanzen überstehen die ersten leichten Fröste ohne eine Abdeckung. Große Pflanzen mit ihrer rübenartigen Wurzel überstehen milde Winter, wenn sie mit Erde angehäufelt und mit Laub, Tannenzweigen oder Vlies abgedeckt werden. Im Frühling treibt der Mangold mit frischen Blättern aus. Sie können so lange gepflückt werden, bis die Pflanzen schossen und ihren etwa 1,50 m hohen Blütenstand bilden.

Coole Ernte

Ernten können Sie auf zweierlei Weise: Wenn die im Spätsommer gesetzten Pflanzen ausgewachsen sind, können Sie deren äußere Blätter kontinuierlich ernten. Nur die inneren Herzblätter bleiben stehen, desto besser wachsen frische nach. Bei jungen Pflanzen werden die zarten Blätter mit dem Messer oder Schere geschnitten. Die Herzblätter bleiben stehen, nicht zu tief abschneiden. Dann wachsen auch hier frische Blätter nach. Die Blätter schmecken frisch als Salat, die älteren, großen Blätter können Sie blanchiert zu Spinatrezepten, Lasagne oder Gemüsequiche verwenden. Blätter erst ernten, wenn sie in der Küche gebraucht werden, sie welken schnell. In einem feuchten Tuch eingewickelt bleiben sie im Kühlschrank etwa einen Tag lang frisch.

Sorten für den Herbst- und Winteranbau:

'Charlie': Blätter glatt, glänzend grün, rote Stiele, für die Ernte als Baby Leaf, für den Balkonkasten

'Glatter Silber': glänzend grünes Blatt, weiße Stiele

'Lucullus': gelbgrüne gekrauste Blätter, weiße Stiele, starkwüchsig

Was schiefgehen kann

→ **Echter Mehltau:** Auf den älteren Blättern bildet sich bei trockenem Wetter ein weißer, wie Mehl aussehender Pilzbelag. Die Mangoldsorten sind unterschiedlich empfindlich. Befallene Blätter abpflücken, die bei kühlerem Wetter nachwachsenden Blätter sind meist wieder gesund.

→ **Schwarze Rübenblattlaus:** Die Läuse sitzen auf der Blattunterseite, deren Ränder sich einrollen. Die Läuse saugen Pflanzensaft und schwächen dadurch die Pflanzen. Bei warmem Wetter vermehren sie sich stark. Von Läusen besiedelte Blätter entfernen. Im Herbst gibt es keine Probleme mit Läusen, da sie zu ihren Winterwirten abwandern.

Die Wintersonne bringt die roten Mangoldstiele zum Leuchten.

MÖHREN

Daucus carota ssp. sativus

Möhren sind der Inbegriff der Wurzelgemüse. Mit den schnellen Frühsorten ernten Sie im Herbst knackige Rohkost.

Winterkultur

Neben der Aussaat im Frühjahr können Sie Möhren für die Winterernte ab Juli aussäen. Dafür eignen sich Frühsorten mit einer kurzen Wachstumszeit von 70 bis 90 Tagen. Spätmöhren zum Einlagern müssen früher ab Mitte Mai ausgesät werden. Sie benötigen zwischen 105 bis 190 Tage für das Wurzelwachstum. Lockern Sie den Gartenboden für die Aussaat so tief, wie die Möhren lang wachsen. Zwei Wochen vorher harken Sie abgelagerten Kompost ein. Vor der Aussaat die Erde mit der Harke fein krümeln. Die kleinen Möhrensamen in einer flachen Rinne dünn aussäen, die Markierung der Reihen mit Radiessamen hat sich bewährt. Es dauert 14 bis 21 Tage, bis die Samen keimen, die Pflanzen entwickeln sich erst langsam. In der Zeit das Unkraut entfernen, das in und zwischen den Möhrenreihen wächst. Die besten Wachstumsbedingungen haben Möhren bei Temperaturen zwischen 15 bis 18 °C und gleichmäßiger Bodenfeuchtigkeit. Gießen Sie bei anhaltender Trockenheit die Möhrenreihen, ohne sie zu verschlämmen. Günstige Partner im Beet sind Spinat, Mangold, Rettich oder Radicchio. Die wasserhaltige Möhrenwurzel verträgt nur leichten Frost. Üblich ist, im Spätherbst die Möhren vom Beet ins Lager zu räumen. Wollen Sie die Möhren im Beet stehen lassen, decken Sie die Reihen mit einer 20 cm dicken Mulchschicht aus Stroh ab.

Spickzettel

Schwierigkeitsgrad: 🍃🍃
Frosthärte: ❄❄
Nährstoffbedarf: ●●
Kulturdauer: ●●●

Geeignet für: FB, HB, GH, GB
Pflanzenfamilie: Doldenblütler, Apiaceae
Pflanzenhöhe: 20 bis 30 cm
Winteraussaat: M 5 bis A 8 Direktsaat
Pflanzenabstand: dünn säen, 5 × 25 cm
Lagerung: Erdmiete, Erdkeller, im Beet mit Strohmulch dick abdecken
Fruchtfolge: nicht nach anderen Doldenblütlern wie Pastinaken, Sellerie, Dill
In der Küche: Ernte der Wurzeln, als Rohkost, Salat, gedünstet, Suppen, Pfannengerichte, Saft

Sorten **für den Herbst- und Winteranbau:**

'Gonsenheimer Treib': sehr früh, keilförmige, halblange Wurzel, kurzes Laub, Frischverzehr

'Ochsenherz' (Guerande): mittelfrüh, kurze, kegelförmige Wurzel, für schwere Böden

'Purple Haze' F1: außen violett, innen orange, lagerfähig

'Rodelika': spät, lange Wurzeln mit runder Spitze, kräftiges Laub, Lagermöhre

Coole Ernte

In den Möhrenreihen nach und nach die Wurzeln ernten, die dick genug sind. Im Sommer ausgesäte Frühsorten liefern im Herbst knackige Rohkost. Späte Sorten nutzt man zum Einlagern. Die Wurzel übersteht im Boden keinen tieferen Frost. Ernten Sie die Möhren, sobald Frost unter −5 °C angesagt ist. Dazu mit der Grabegabel seitlich neben der Möhrenreihe einstechen und die Wurzeln lockern, aus dem Boden ziehen, ohne sie abzubrechen. Das Laub kurz über der Wurzel abschneiden, Möhren nicht waschen. So legen Sie sie zum Lagern in Kisten mit feuchtem Sand oder zur Aufbewahrung bei 0 bis 4 °C und hoher Luftfeuchtigkeit in den Erdkeller. Späte Sorten lassen sich 3 bis 5 Monate lagern.

Bei der Sortenvielfalt der Möhren können Sie zwischen weißen, gelben, orangefarbigen und violetten Wurzeln wählen. Möhren enthalten wertvolles Carotin, Zucker, Vitamin C und die violetten Sorten Anthocyane. In der Küche sind sie vielseitig zu verwenden, von Rohkost bis milchsauer eingelegt.

Was schiefgehen kann

→ **Möhrenfliege** (*Psila rosae*): rostbraune Gänge in den Wurzeln und weiße winzige Fliegenmaden, Abdeckung der Möhrenaussaat mit Kulturschutznetzen, Fruchtwechsel, Mischkultur.

→ **Fadenwürmer (Nematoden):** an den Seitenwurzeln verdickte Knötchen, die Möhren bilden vermehrt Seitenwurzeln, kümmern im Wuchs, Anbaupausen von 4 Jahren und Fruchtwechsel einhalten.

Bunte Möhrensorten wie die violette 'Purple Haze' bringen Farbe in die Rohkost.

PAK CHOI

Brassica rapa ssp. chinensis

Mit seinen dicken Blattstielen könnte man den Chinesischen Senfkohl mit Stielmangold verwechseln. Er bietet aber ein ganz anderes Aroma.

Winterkultur

In China gehört Pak Choi zu den altbekannten Gemüsepflanzen, bei uns wird er erst entdeckt. Die Pflanzen bilden Blattrosetten mit fleischigen breiten Stielen, die Blätter bilden einen lockeren Kopf. Je nach Sorte bleiben die Blattrosetten flach am Boden oder stehen aufrecht zusammen. Säen Sie Anfang bis Mitte August die Samen in Saatschalen zur Vorkultur aus. Wenn die kleinen Pflanzen zwei bis drei Blätter gebildet haben, setzen Sie sie ins Beet, im Abstand von 25 cm. Behält man einige Pflanzen zurück und pflanzt sie im Abstand von 5 Tagen aus, staffelt sich dadurch die Erntezeit. Von der Aussaat bis zur Ernte im Herbst dauert es etwa 8 bis 10 Wochen. Pak Choi wächst schnell, wenn er genügend Feuchtigkeit bekommt. In trockenen August- und Septembertagen sollten Sie die Pflanzen durchdringend gießen. Gegen Minusgrade von −3 bis −5 °C zeigt sich Pak Choi unempfindlich. Bei tieferen Frösten hilft eine Vliesabdeckung. Botanisch gehört Pak Choi zu den Kreuzblütlern. In der Fruchtfolge sollte er nicht nach anderen Kohlarten stehen und nach ihm auf dem Beet sollten keine anderen Kreuzblütler folgen.

Spickzettel

Schwierigkeitsgrad:

Frosthärte:

Nährstoffbedarf:

Kulturdauer:

Geeignet für: HB, FB, B, GH, GB

Pflanzenfamilie: Kreuzblütler, Cruciferae

Pflanzenhöhe: 25 bis 60 cm

Winteraussaat: E 7 bis A 8 Vorkultur, Ernte nach 6 bis 10 Wochen

Pflanzenabstand: 25 × 30 cm

Lagerung: bleibt im Beet stehen, mulchen, abdecken

Fruchtfolge: nicht nach anderen Kreuzblütlern

In der Küche: Ernte ganzer Pflanzen, für gemischte Salate, blanchiert als Gemüsebeilage, Pfannengerichte

Sorten für den Herbst- und Winteranbau:

'Misome': Mini-Senfkohl, Blattstiele grünlich, Ernte als kleine Pflanzen

'Pak Choi': breite, weiße Blattstiele, glänzend grünes Blatt

'Tatsoi': Wuchs rosettenartig breit, breite Blattstiele, Blätter wie Spinat

Coole Ernte

Wenn die Pflanzen ausreichend groß sind, werden sie dicht am Boden abgeschnitten, sodass die Blattrosette zusammen bleibt. Es gibt kaum Putzabfall, die ganze Pflanze wird zubereitet. Wenn Sie viele Pflanzen angebaut haben, probieren Sie die kleinen Pflanzen als Mini-Pak-Choi. Ausgewachsen ergibt eine Pflanze eine Gemüseportion. So staffelt sich die Ernte über einen längeren Zeitraum. In der Küche werden die Rosetten auseinander geschnitten, Stiele und Blätter gewaschen. Blätter und Blattstiele wie Spinat zubereiten, dünsten und mit heller Soße oder Butter wie Spargel anrichten, braten oder in Gemüseaufläufen verwenden. Mini-Pak-Choi erntet man, wenn die Pflanzen noch 10 bis 12 cm klein sind. Sie werden nur längs durchgeschnitten und in der Pfanne gegart, mit Käse überbacken. Dazu passen asiatische Gewürze wie Koriander und Sesam, Reis, Nudeln und Geflügel. Pak Choi schmeckt nicht wie Kohl. Das Aroma ist angenehm wie junger Kohlrabi, mild und nussartig. Trotz seines deutschen Namens Chinesischer Senfkohl haben seine Blätter nicht die Schärfe wie andere Asia-Blattgemüse.

Was schiefgehen kann

→ **Erdraupen:** Bleibt es im Herbst lange mild, fressen Erdraupen, die Larven der Eulenfalter, nachts an den Blättern. Abendliches Absammeln im Licht der Taschenlampe hilft, den Schaden zu verringern.

→ **Kohlfliegen, Kohlweißlinge, Blattläuse**: Eine Abdeckung mit feinmaschigen Kulturschutznetzen hält die Insekten ab. Mit allen Kohlarten eine Fruchtfolge von 4 Jahren einhalten.

Pak Choi kann in allen Größen und auch noch mit Blüten zubereitet werden.

PASTINAKE

Pastinaca sativa

Die Pastinake wird leicht mit der Wurzelpetersilie verwechselt. Sie schmeckt aber würzig süß, ein Geschmack, den auch Kinder lieben.

Winterkultur

Vor der Aussaat des Wurzelgemüses sollten Sie den Boden bis 30 cm Tiefe mit dem Sauzahn lockern. Auf dichten oder steinigen Böden verzweigen sich die Wurzeln. Die Samen werden direkt ins Beet in eine 2 cm tiefe Saatrinne ausgesät, mit Erde bedeckt und angedrückt. Ausgesät wird erst, wenn sich der Boden im April etwas erwärmt hat. Nachfolgend kann noch bis Mai ausgesät werden. Keimen nur wenige Samen, kann das Saatgut zu alt gewesen sein. Die Samen verlieren nach wenigen Jahren ihre Keimfähigkeit. Die Samen möglichst mit etwas Abstand aussäen, desto weniger müssen die Jungpflanzen vereinzelt werden, wenn sie zu dicht stehen. Die Samen keimen langsam im Verlauf von 2 bis 3 Wochen. Pastinaken benötigen für die Bildung ausreichend dicker Wurzeln eine lange Wachstumszeit. Sie bevorzugen lehmigen, feuchten, nährstoffreichen Boden. Auf sandigeren Böden muss im Sommer bewässert werden, wenn es zu trocken wird. Erst im Juni ist ihr Laub mit den großen gefiederten Blättern stark entwickelt. Um den Platz im Beet neben den Pastinaken zu nutzen, eignen sich schnell wachsende Kulturen wie Salat, Radieschen und frühe

Spickzettel

Schwierigkeitsgrad: 🍃🍃

Frosthärte: ❄❄❄

Nährstoffbedarf: ●●

Kulturdauer: ●–●–●

Geeignet für: HB, GB

Pflanzenfamilie: Doldenblütler, Apiaceae

Pflanzenhöhe: 40 bis 50 cm

Winteraussaat: A 4 bis M 5 Direktsaat

Pflanzenabstand: 10 × 40 cm

Lagerung: bleibt im Beet stehen, mulchen, abdecken oder einlagern

Fruchtfolge: nicht nach anderen Doldenblütlern

In der Küche: Ernte der Wurzeln, als Gemüsebeilage, gebraten, Suppen, Eintopf

Sorten für den Herbst- und Winteranbau:

'Aromata': schlanke Wurzeln, speziell auf Aroma gezüchtet

'Halblange Weiße': breiter Kopf, weißes Fleisch

'White King': kurze, dicke Wurzeln

Kohlrabi. Nach Pastinaken sollten im Beet keine anderen Doldenblütler folgen wie Möhren, Petersilienwurzel oder Fenchel. Pastinaken sind ansonsten wenig anfällig für Krankheiten oder Schädlinge. Aber Wühlmäuse lieben im Winter die süßlichen Wurzeln.

Coole Ernte

Pastinaken haben eine lange Kulturzeit, die Ernte beginnt ab Oktober. Dazu stechen Sie mit der Grabegabel neben der Reihe in den Boden und lockern ihn. So ernten Sie die bis 40 cm langen Wurzeln, ohne dass sie abbrechen. Solange es nicht stark friert, sind die Wurzeln im Boden gut aufgehoben. Wollen Sie auch bei stärkerem Frost die Wurzeln ernten, decken Sie die Reihen mit einer Schicht aus Laub und Stroh ab. Durch den Frost schmecken die Wurzeln noch süßer. Stellen sich im Garten Wühlmäuse ein, sollten Sie die Pastinaken besser aus dem Boden nehmen. Dazu graben Sie alle Wurzeln aus, entfernen das Laub und legen sie ungewaschen in eine Erdmiete. In Kisten mit feuchtem Sand geschichtet können Sie diese mit anderem Wurzelgemüse in den Erdkeller oder kühlen Keller stellen. Der Sand sollte nicht austrocknen, sonst schrumpeln die Wurzeln.

In der Küche können Sie Pastinaken vielseitig verwenden. Die Wurzeln werden mit dem Sparschäler geschält und in Stücke oder Stifte geschnitten. Sie können mit ihrem süß-mildem Aroma wie Möhren als Pürees, Pfannengemüse und Gratins zubereitet werden.

Was schiefgehen kann

→ **Feldmäuse, Wühlmäuse:** Pastinaken sind für Mäuse ein willkommenes Futterangebot im Herbst und Winter. Sie kommen in die Gärten, wenn ihr Nahrungsangebot knapp wird. Wird Mäusefraß entdeckt, die Pastinaken besser aus dem Beet nehmen und mäusesicher einlagern.

→ **Hautreaktion bei Menschen:** Selten kommt es nach Hautkontakt mit Pastinakenblättern in der Sonne zu Hautreizungen mit Bläschenbildung. Bei der Pflege und Ernte daher langärmlige Bekleidung tragen.

Pastinakenwurzeln sehen Petersilienwurzeln (dahinter) sehr ähnlich, sie schmecken süßlich mild im Gegensatz zu der würzigen Petersilienwurzel.

PORREE

Allium porrum

Dunkelgrüne bereifte Blätter sind das Markenzeichen der Winterporree-Sorten. Von den Zwiebelgewächsen haben sie die beste Winterhärte.

Winterkultur

Porree oder Lauch unterscheidet sich von den runden Zwiebelblättern durch seine flachen, gekielten Blätter. Eine Wachsschicht lässt die Porreeblätter blau bereift erscheinen. Je bläulicher die Blätter, desto winterhärter ist die Sorte. Für den Winteranbau darauf achten, dass es sich bei den Sorten um Winterporree handelt. Porree müssen Sie früh ab Mai in Saatschalen oder einem Aussaatbeet aussäen. Wie alle Zwiebelgewächse benötigt der Samen bis zu 3 Wochen für die Keimung und wächst nur langsam. Wenn im Sommer die ersten Kulturen die Beete räumen, können nach und nach die jungen Porreepflanzen gesetzt werden. Dazu die Wurzeln und Blätter der Jungpflanzen einkürzen, mit der Pflanzschaufel ein tiefes Loch stechen und tief hineinsetzen. Dabei das Herz der Pflanzen nicht eingraben. Das Angießen der frisch gesetzten Pflanzen spült Erde zwischen die fleischigen Wurzeln, sodass sie nicht vertrocknen. Damit der Schaft weiß und zart wird, häufeln Sie den Porree später mit Erde an. Porree mag es für sein Wachstum nicht zu heiß, am liebsten Temperaturen zwischen 20 bis 22 °C. Die Sorten des Winterporree sind winterhart und können im Beet überwintern. Zu lang gewachsene Blätter schneiden Sie am besten zurück, damit sie nicht auf der nassen Erde hängen. Vor dem Frost häufeln Sie die Pflanzen als zusätzlichen Frostschutz mit Erde an.

Spickzettel

Schwierigkeitsgrad: 🍃🍃
Frosthärte: ❄❄❄
Nährstoffbedarf: ●●
Kulturdauer: ●–●–●

Geeignet für: B, GH, HB, FB, GB

Pflanzenfamilie: Amaryllisgewächse, Amaryllidaceae

Pflanzenhöhe: 30 bis 40 cm

Winteraussaat: E 5 bis M 6 Vorkultur von Jungpflanzen

Pflanzenabstand: 20 × 25 cm

Lagerung: bleibt im Beet stehen, mulchen, abdecken

Fruchtfolge: nicht nach Zwiebeln

In der Küche: Ernte ganzer Pflanzen, für Suppen, Eintöpfe, als Gemüse, Aufläufe, Quiche

Sorten für den Herbst- und Winteranbau:

'Blaugrüner Herbst / Hannibal':
glatter Schaft ohne Zwiebelbildung

'Blaugrüner Winter / Eskimo':
lange, dicke Schäfte, Laub blaugrün

'De Carentan':
mittellanger Schaft, leichter Zwiebelansatz

Für die Winterernte darauf achten, dass Sie Winterporree-Sorten aussäen. Die sind garantiert frosthart.

Coole Ernte

Die Ernte beginnt ab November und geht bis März des nächsten Jahres, wenn Sie viele Pflanzen gesetzt haben. Die Ernte kann beginnen, wenn die Porreepflanzen daumendick sind. Ernten Sie in der Reihe erst die stärksten Pflanzen, die dünneren bleiben noch stehen. Am besten gelingt die Ernte mit der Grabegabel. Porree besitzt ein dichtes Wurzelwerk. Wurzeln und ein Teil der grünen Blätter werden abgeschnitten, die äußeren harten Blätter abgezogen. Den Rest der Pflanze können Sie komplett in der Küche verwerten. Die in der Erde gebleichten weißen und gelben Teile des Sprosses sind zarter und milder als die grünen Blattanteile. Porree hat von den Zwiebelgewächsen den mildesten Lauchgeschmack. Im Kühlschrank lassen sich die geputzten Stangen etwa eine Woche lang frisch halten.

Was schiefgehen kann

→ **Lauchmotte**: braune Gänge und weiße Maden im Schaft der Pflanzen, Abdeckung mit feinmaschigen Gemüseschutznetzen halten die Gemüsefliegen ab.

→ **Porree-Rost** (*Puccinia porri*): rostbraune längliche Pusteln des Pilzes auf den Blättern, vermeiden durch weite Pflanzabstände, befallene Blätter zurückschneiden.

RADICCHIO UND BLATTZICHORIEN

Cichorium intybus var. foliosum

Mit der mediterranen Küche werden die roten Radicchiosalate beliebter. In Italien werden viele Sorten für den Anbau im Winterhalbjahr genutzt.

Spickzettel

Schwierigkeitsgrad: 🍃
Frosthärte: ❄
Nährstoffbedarf: ●●
Kulturdauer: ●–●–○

Geeignet für: HB, FB, B, GH, GB
Pflanzenfamilie: Korbblütler, Asteraceae
Pflanzenhöhe: 20 bis 40 cm
Winteraussaat: A 7 bis A 8 Vorkultur
Pflanzenabstand: 20 × 20 cm bis 25 × 30 cm
Lagerung: Frühbeet, Einschlag, abdecken
Fruchtfolge: nicht nach anderen Korbblütlern
In der Küche: Ernte der Köpfe und Blätter, für gemischte Salate oder gedünstet

Winterkultur

Leider konnten die Züchter den Sorten die Frostempfindlichkeit noch nicht abgewöhnen. Mit einer Vliesabdeckung können die Pflanzen trotzdem bis Dezember im Freien stehen. Ausgesät wird Mitte bis Ende Juni in Saatschalen. Die Schalen sollen zur Keimung bei Temperaturen nicht unter 16 °C stehen, 20 bis 25 °C sind optimal. Kühle Temperaturen unter 12 °C lösen bei den Pflanzen die Blütenbildung aus, dann bildet sich kein Salatkopf mehr.

Radicchio bildet eine kurze Pfahlwurzel, die Jungpflanzen daher sorgsam umpflanzen, sodass die Wurzeln nicht abreißen. Als Alternative können Sie die Samen direkt

2 cm tief in Reihen aussäen und bei zu engem Stand die Jungpflanzen vereinzeln. Anfang August sollte der Radicchio ausgepflanzt sein, denn er benötigt 3 bis 4 Monate für sein Wachstum. Bei trockenem Herbstwetter wird der Radicchio durchdringend gegossen, sonst gerät das Wachstum ins Stocken. Erst bildet er eine offene grüne Blattrosette, dann wächst der dichtere Innenkopf. Bei kühleren Nachttemperaturen setzt die weinrote Färbung der Blätter ein. Die Sorten der Blattzichorien bilden keinen Kopf, nur lockere grüne Blattrosetten. Die ersten Nachtfröste überstehen die Pflanzen im Beet. Aber bei unter –5 °C sollten die Köpfe in die Erdmiete oder einen frostfreien Raum eingeräumt werden. Wenn Sie die äußeren Blätter abtrennen, hält sich Radicchio so etwa 2 Wochen.

Coole Ernte

Bei den Blattzichorien kann jederzeit geerntet werden, wenn genügend Blattmasse vorhanden ist, auch schon junge Blätter. Sie wachsen aus dem Herz nach. Mit ihren gezähnten Blättern werden sie oft mit Löwenzahn verwechselt. Radicchio hat bis Anfang November einen festen Kopf gebildet. Die äußeren Blätter verwenden Sie besser nicht, sie sind zäh und bitter. Radicchio bringt Farbe in Mischsalate und schmeckt roh, gemischt mit anderen Salaten und Früchten wie Orangen oder als Beilage im Wrap. Auf den schalenförmigen Blättern können Sie Krabben- und andere Salathappen anrichten. Radicchio schmeckt gedünstet oder gebraten auch zu Pasta. Dadurch werden die Blätter süßer und schmecken nussartig. Wer sie entbittern möchte, legt die Blätter einige Minuten in lauwarmes Wasser, aber dadurch gehen auch Vitamine verloren. Der herbe Geschmack des Radicchios ist gerade sein Markenzeichen.

Sorten für den Herbst- und Winteranbau:

'Indigo': runde, feste Köpfe, Blätter weinrot mit weißen Blattrippen

'Galileo': hochrunde Köpfe, grüne, rot gesprenkelte Blätter, Herz hellgelb

'Aurelia': Blattzichorie, kompakt, buschiger Wuchs, grüne löwenzahnartige Blätter

'Catalogna Frastagliata': Blattzichorie, große Rosetten, löwenzahnartige Blätter, weiße Blattstiele

Was schiefgehen kann

Radicchio sind robuste, wenig krankheitsanfällige Salatpflanzen.

→ **Nacktschnecken**: Fallen der Sommer und Frühherbst feucht aus, fressen die Schnecken an den jungen Radicchioblättern. Dann hilft nur absammeln oder nützlingsschonendes Schneckenkorn dünn ausstreuen.

Das mehrmalige Frieren und Auftauen hält Radicchio nicht lange durch.

Spickzettel

Schwierigkeitsgrad:

Frosthärte:

Nährstoffbedarf:

Kulturdauer:

Geeignet für: HB, FB, B, GH, GB

Pflanzenfamilie: Kreuzblütler, Cruciferae

Pflanzenhöhe: 15 bis 20 cm

Winteraussaat: E 8 bis E 9 Direktsaat

Pflanzenabstand: 5 × 15 cm

Lagerung: frisch ernten und verbrauchen

Fruchtfolge: nicht nach Rettich, Rauke, anderen Kreuzblütlern

In der Küche: fürs Butterbrot, Quark, Salat

RADIESCHEN

Raphanus sativus var. sativus

Radieschen gehören zu den einfachsten Gemüsekulturen. Sie sind der Inbegriff für die allererste Frühjahrskultur. Die schönsten madenfreien Radies können Sie jedoch im Herbst ernten.

Winterkultur

Radieschen haben große Samen. Bei der Herbstaussaat legt man sie mit etwa 3 bis 4 cm Abstand in den Reihen und 10 bis 15 cm Reihenabstand mit größeren Abständen als im Sommer aus. Den Samen nur 0,5 bis 1 cm tief in die Saatrinne ablegen, bei zu tiefer Saat bilden sich nur lange Streichhölzer und keine Knollen. Es genügt, die Erde vor der Aussaat mit dem Sauzahn zu lockern. An Nährstoffen begnügen sich Radieschen als Schwachzehrer mit dem, was von den vorhergegangenen Kulturen noch im Boden vorhanden ist. Radieschen keimen noch, wenn der Boden nur 5 °C warm ist. Die Keimung dauert dann entsprechend länger als bei 10 °C Bodentemperatur. Während der Sommerhitze neigen Radieschen zum Schossen, sie bilden dann keine Wurzel, sondern Blüten. Dieses Problem besteht bei Herbstaussaaten nicht. Augustaussaaten

Sorten für den Herbst- und Winteranbau:

'Eiszapfen': lange, spitze, weiße Knollen

'Flamboyant': halblange, rot-weiße Knollen

'Riesenbutter': runde, rote, mittelgroße Knollen

'Saxa': sehr früh, rote, runde Knollen

'Zlata': gelbe Knollen mit knackigem Fleisch

wachsen noch zügig, denn wir haben meist noch sommerliche Temperaturen. Ab September verlangsamen sich Keimung und Wachstum, dann dauert es etwa 6 bis 8 Wochen bis zur Ernte. Ab Anfang Oktober sollte nur noch im Gewächshaus ausgesät werden. Kündigen sich im Oktober frostige Nächte an, sollten Sie die Radieschen mit einem Vlies abdecken. Das Laub der Radieschen hält tiefere Temperaturen aus als die Knollen, die halb über der Erde stehen. Späte Aussaaten stehen daher besser geschützt im Frühbeet.

Coole Ernte

Je kühler die Tage werden und je kürzer, desto länger dauert die Entwicklung der Radieschen. Obwohl am gleichen Tag ausgesät, sind nicht alle Radies in einer Reihe gleich groß gewachsen, Sie ernten sie nach und nach. Zart schmecken sie am besten, zu kleine dürfen noch weiter wachsen. Wenn sie zu dick werden, werden sie holzig und in der Mitte hohl. Das kommt vor, wenn es im Frühjahr schnell warm und trocken wird, im Herbst müssen wir uns darüber keine Gedanken machen. Bilden bei fehlendem Tageslicht die Radies keine Knollen, schmecken die Blätter im Salat. Erstaunlich ist, wie unterschiedlich scharf die Knollen ausfallen können, selbst von derselben Sorte.

Die Entwicklung der Schärfe ist abhängig von der Bodenfeuchtigkeit. Die Herbstradieschen sind meist mild, wachsen sie bei trockenerem Boden auf, werden sie schärfer.

Was schiefgehen kann

Im Herbst können Sie die schönsten Radieschen ohne angefressene Wurzeln ernten. Die Kleine Kohlfliege, *Phorbia brassicae*, deren Maden an den Knollen fressen, hat ihre Eiablage schon abgeschlossen. Erdflöhe, kleine Käfer der Gattung *Phyllotreta*, die die Löcher in die Radieschenblätter fressen, treten im Herbst nur selten auf. Wenn Sie an den Radieschenknollen kleine angefressene Grübchen erkennen, können Asseln als Verursacher infrage kommen. Dann können Sie Salatblätter als Ablenkfutter auslegen.

Die schönsten madenfreien Radies ernten Sie im Herbst. Hier die Sorte 'Flamboyant' mit länglichen Radies.

ROSENKOHL

Brassica oleracea var. gemmifera

Auf den Genuss dieser Delikatesse müssen Sie lange warten. Die Röschen, eigentlich Seitensprossen, haben ein mildes, nussiges Kohlaroma.

Spickzettel

Schwierigkeitsgrad: 2 von 3

Frosthärte: 3 von 3

Nährstoffbedarf: 3 von 3

Kulturdauer: 3 von 3

Geeignet für: GB, HB

Pflanzenfamilie: Kreuzblütler, Cruciferae

Pflanzenhöhe: 100 bis 120 cm

Winteraussaat: A 5 bis E 5 Vorkultur, Ernte der Seitentriebe nach 6 bis 8 Monaten

Pflanzenabstand: 40 × 40 cm

Lagerung: bleibt im Beet stehen, mulchen

Fruchtfolge: nicht nach anderen Kohlgewächsen und anderen Kreuzblütlern

In der Küche: Ernte der Seitentriebe, als Gemüse, für Pfannengerichte, Aufläufe

Winterkultur

Wie bei den meisten Kohlarten müssen Sie sich über die Frosthärte beim Rosenkohl keine Gedanken machen. Er kann über Winter im Beet stehen bleiben. Rosenkohl hat eine lange Wachstumszeit von 6 bis 7 Monaten. Schon Anfang Mai sollten Sie an die Aussaat denken. Die erfolgt am besten in Saatschalen, die im Freien aufgestellt werden. Die Keimlingspflanzen werden einmal vereinzelt und in kleine Töpfe gesetzt. Nach 4 bis 6 Wochen können Sie sie auspflanzen. Rosenkohl bevorzugt als Starkzehrer Lehm- oder Lößboden. Auf sandigen Böden werden Sie keinen Erfolg haben, es fehlen Wasser und Nährstoffe.

Zwischen den offenen Reihen ausgestreuter Mulch hält den Boden feucht. Im Herbst sind die Stängel der Pflanzen einen Meter hoch. In den Blattachseln wachsen nun die Seitentriebe zu kleinen Röschen heran. Die unteren Laubblätter fallen irgendwann von selbst ab, den Kohl aber nicht entblättern. Bei Frost schützen sich die Pflanzen, indem sie die großen Laubblätter nach unten klappen. Sie umgeben dann die Röschen wie ein

Sorten für den Herbst- und Winteranbau:

'Hilds Ideal': feste Röschen, erprobte Winterhärte

'Roodnerf': mittelhoch, späte Sorte, daher früh ab Mai aussäen

'Autumn Star': viele kurze Seitentriebe wie offene Kohlröschen, mit violetten Blattrippen

Wintermantel. Auch der Kopf bleibt dran, die Pflanzen bitte nicht enthaupten. Diese Blattkrone können Sie wie Grünkohl zubereiten.

Coole Ernte

Erst im Herbst wachsen die Seitentriebe zu den kleinen Röschen heran. Etwa 30 bis 50 Röschen sitzen an einem Stängel. Als echtes Wintergemüse bleiben die Pflanzen draußen auf dem Beet stehen. Das Beet ist das Lager, so haben Sie keine Arbeit mit dem Einlagern der Ernte. Der Frost fördert sogar das Aroma der Rosenkohlsprossen. Sie können sie nach Bedarf ernten, beginnen unten am Stängel und arbeiten sich hoch. Die unteren Röschen sind die größten. Diese brechen Sie aus oder schneiden sie mit einem Messer ab. In der Küche entfernen Sie die gelben Blätter von den Röschen, mehr Abfall entsteht nicht. Dann kochen Sie die Röschen in gesalzenem Wasser gar und bereiten sie als Gemüsebeilage zu. Sie bereichern Gemüsesuppen oder eine Gemüsequiche. Die neue Sorte 'Autumn Star' ist aus der Kreuzung von Rosenkohl mit Grünkohl entstanden. Sie bildet statt Röschen kurze, offene Seitentriebe. Ein tolles neues Gemüse, der Geschmack ist mild, eher grünkohlartig.

Was schiefgehen kann

→ **Mehlige Kohlblattlaus:** Unter den Blättern finden sich Kolonien grauer Läuse mit mehlartigem Überzug, besonders bei trockenem Herbstwetter. Ab Juli empfiehlt sich die Abdeckung mit engmaschigen Insektenschutznetzen, im Frühjahr Kohlstrünke und Erntereste entfernen.

→ **Kohlweißlinge:** Die Schmetterlinge fliegen zur Eiablage noch weit bis in den Herbst hinein, Schutznetze halten sie von den Pflanzen fern.

→ **Kohlhernie:** Es bilden sich klumpige, fleischige Wurzeln durch einen pilzähnlichen Erreger im Boden, wegen der vielen Kohlarten beim Wintergemüseanbau unbedingt den 4-jährigen Fruchtwechsel einhalten.

Die offenen Röschen der Sorte 'Autumn Star' schmecken besonders mild.

ROTE BETE

Beta vulgaris ssp. vulgaris

Ihr Geschmack ist intensiv, erdig-süßlich, da scheiden sich die Geister. Die buntfleischigen Sorten bieten milde Alternativen.

Winterkultur

Für die Herbsternte und Lagerung werden die Rüben nicht vor Anfang Juli ausgesät. Wenn möglich, die Samenknäuel mit 3 bis 5 cm Abstand in der Saatrille auslegen. Das erspart später das Vereinzeln der Rüben. Bei einer Sommeraussaat besteht nicht die Gefahr, dass die Rüben nach Kälteeinwirkung schossen und blühen. Darauf sollten Sie aber achten, wenn Sie die Beten im Frühjahr aussäen. Die Kultur der Bete verläuft meist ohne Probleme. Sie gedeiht auch auf sandigen Böden, besser jedoch auf Lehmböden, die die Feuchtigkeit halten. In den Sommermonaten muss für genügend Bodenfeuchtigkeit gesorgt werden, wenn der Boden trocken wird. Stehen die Pflanzen zu dicht und drücken sich die wachsenden Rübchen, ziehen Sie einzelne heraus und nutzen diese frisch in der Küche als zarte Babybeets. Bete gehören zu den Mittelstarkzehrern. Die Knollenbildung kann mit verdünnter Brennnessel- oder Beinwellbrühe als Flüssigdünger gefördert werden. Es empfiehlt sich, nur ein- oder zweimal im August zu düngen, denn zu viel Dünger geht zulasten der Winterhärte.

Coole Ernte

Ab Oktober beginnt die Ernte, wenn die Rüben etwa so groß sind wie ein Tennisball. Das Rübenfleisch ist noch weich und saftig. Zur Ernte die Rüben mit der Grabegabel anheben, nicht verletzen, sonst „bluten“ sie.

Spickzettel

Schwierigkeitsgrad: 🍃

Frosthärte: ❄

Nährstoffbedarf: ●

Kulturdauer: ●–●–○

Geeignet für: HB, FB, GH, GB

Pflanzenfamilie: Fuchsschwanzgewächse, Amaranthaceae

Pflanzenhöhe: 20 bis 30 cm

Winteraussaat: M 7 bis A 8 Direktsaat

Pflanzenabstand: 5 × 25 cm

Lagerung: in der Erdmiete, Erdkeller, in Sandkisten

Fruchtfolge: nicht nach Spinat, Mangold

In der Küche: Ernte der Rüben, junge Blätter essbar, für Salate, Carpaccio, Eintopf, einlegen süß-sauer

Sorten für den Herbst- und Winteranbau:

'Burpees Golden': Rübe rund, Schale gelborange, Fleisch orange, milder Geschmack

'Forono': Rübe walzenförmig lang, Fleisch dunkelrot, gut zu lagern

'Rote Kugel': Rübe rund mit glatter Schale, Fleisch dunkelrot, gut zu lagern

'Tonda di Chioggia': Rübe rund, rot-weiß geringelt, als Rohkost

Wenn Sie die Rüben über Winter einlagern möchten, lassen Sie sie ausreifen. Die Rüben stehen bei den Sorten oft zur Hälfte über der Erde. Sie vertragen nur leichten Frost. Sind Temperaturen unter −5 °C angesagt, sollten Sie die Einlagerung der Rüben vorbereiten. Bevor Sie die Rüben in Kisten mit Sand einschichten, werden die Blätter 2 bis 3 cm über der Rübe abgeschnitten. Im feuchten Sand bei 3 bis 4 °C in Kisten oder im Erdkeller lagern die Rüben für mehrere Monate.

Übrigens sind junge Bete-Blätter auch essbar. An den Rübenblättern dürfen Sie sich schon im Herbst bedienen, wenn Sie nicht zu viele von den einzelnen Pflanzen abnehmen.

Für die Zubereitung in der Küche die Rüben waschen, kochen und erst dann schälen, sonst bluten sie aus und die Inhaltsstoffe gehen im Kochwasser verloren. Für die Zubereitung hat sich das Tragen von Einmalhandschuhen bewährt, da die Rüben stark färben.

Was schiefgehen kann

Generell macht der Anbau von Roter Bete wenige Probleme.

→ **Blattflecken:** runde graubraune Flecken durch den Pilz *Cercospora*, keine Maßnahmen notwendig.

→ **Rübenzystenälchen:** Pflanzen welken bei Sonne, viele Seitenwurzeln an der Rübe, Fruchtwechsel einhalten, Beete unkrautfrei halten.

Die Rüben nehmen Sie besser aus der Erde und lagern sie ein. Zu schade, wenn die leckeren Rüben erfrieren.

RUCOLA

Rucola selvatica

Mit der mediterranen Küche kam auch die vergessene Rauke als Salatpflanze wieder in Mode. Das aromatische Kraut sollte in keinem Garten fehlen.

Winterkultur

Unter dem Namen *Rucola* sind zwei botanisch unterschiedliche Pflanzen in Kultur. Die einjährige Ölrauke (*Rucola coltivata*) und die Wilde Rauke (*Rucola selvatica*). Für den Herbst- und Winteranbau sind die Samen der mehrjährig wachsenden Wilden Rauke geeignet. Sie wächst mit tief geschlitzten Blättern und bildet rapsgelbe Blüten. Ältere Pflanzen verholzen am Stengelgrund und überstehen bei uns die meisten Winter im Beet. Die klein bleibenden Pflanzen lassen sich auch in Töpfen, Balkonkästen oder im Hochbeet kultivieren, im Gewächshaus das ganze Jahr über. Wenn Sie viel Rucola nutzen, säen Sie ab April alle 2 Wochen eine kurze Reihe aus. Für die Herbstnutzung säen Sie ab Ende August aus bis Anfang September. Die Keimung dauert etwa 2 Wochen. Wenn die Pflanzen die ersten Blätter zeigen, wachsen sie zügig heran. Die Pflanzen sind pflegeleicht, es gibt selten Probleme mit Krankheiten oder Schädlingen. Nach 6 Wochen kann schon geerntet werden. Zur Herbstaussaat nicht mehr düngen, das würde nur den Nitratgehalt der Blätter erhöhen. Da Rauke wie die Kohlarten zu der Familie der Kreuzblütler gehört, halten Sie bitte unbedingt den Fruchtwechsel von 4 Jahren ein.

Spickzettel

Schwierigkeitsgrad:

Frosthärte:

Nährstoffbedarf:

Kulturdauer:

Geeignet für: HB, FB, B, GH, GB

Pflanzenfamilie: Kreuzblütler, Cruciferae

Pflanzenhöhe: 15 bis 20 cm

Winteraussaat: A 8 bis E 9 Direktsaat

Pflanzenabstand: 5 × 20 cm

Lagerung: bleibt im Beet stehen, mulchen, abdecken

Fruchtfolge: nicht nach anderen Kreuzblütlern

In der Küche: Ernte junger Blätter, für gemischte Salate, Quark, Brotbelag, Pesto, Smooties

Coole Ernte

Ernten Sie immer frisch nach Bedarf nur so viel, wie in der Küche gebraucht wird. Die Blätter werden schnell welk. Dazu mit Messer oder Schere die Blätter nicht zu tief abschneiden. Die Pflanzen wachsen wieder nach und von einer Aussaat kann mehrmals geerntet werden. Je älter die Blätter sind, desto intensiver wird ihr Geschmack. Die Blätter sind eine beliebte Salatbeigabe. Bei einer Rucola-Schwemme ist ein Pesto mit Walnüssen und Öl eine gute Verwendungsmöglichkeit. Wird längere Zeit nicht geerntet, bilden die Pflanzen gelbe Blüten. Diese können den Salat dekorieren oder Früchte und Samen bilden. Die Samen verteilen sich im Garten und im Frühjahr finden sich an manchen Stellen kleine Rucola-Pflanzen.

Sorten **für den Herbst- und Winteranbau:**

'Dragon's Tongue': Blätter tief gebuchtet, rot geadert

Echte Salatrauke (*Rucola coltivata*): einjährig, Blätter langoval, milde Würze

'Graza': besonders winterharte Züchtung

'Speedy': schnellwüchsig

Was schiefgehen kann

→ **Erdflöhe:** kleine hüpfende Käfer, durchlöchern die Blätter, treten im Herbst seltener auf als im Sommer, Erde feucht halten.

Die wilde Rauke trotzt dem Frost.

Spickzettel

Schwierigkeitsgrad: 🍃

Frosthärte: ❄ bis ❄❄❄

Nährstoffbedarf:

Kulturdauer: ●–●–○

Geeignet für: HB, FB, B, GH, GB

Pflanzenfamilie: Korbblütler, Asteraceae

Pflanzenhöhe: 20 bis 30 cm

Winteraussaat: A 8 Vorkultur bis E 9 Direktsaat

Pflanzenabstand: 25 × 30 cm

Lagerung: bleibt im Beet stehen, mulchen, abdecken

Fruchtfolge: nicht nach anderen Korbblütlern

In der Küche: Ernte einzelner Blätter, ganzer Köpfe, für gemischte Salate, Brotbelag

SALATE, WINTERSALATE

Lactuca sativa

Salat verbinden wir mit Sommerfrische, dabei haben die Pflanzen eine ausgezeichnete Winterhärte, die man ihnen nicht zutraut.

Winterkultur

Salatsamen keimen bei Temperaturen über 20 °C schlecht. Um sie im Sommer zur Keimung zu bewegen, säen Sie in Aussaatschalen aus und bedecken die Samen als Lichtkeimer nur dünn mit Erde. Die Schalen an einem kühlen Ort wie Gartenschuppen, Garage oder Kühlschrank aufstellen, bis die Samen keimen. Mit zwei Blättern setzen Sie die Keimpflanzen in kleine Anzuchttöpfe, auch hier genießen die Salatpflanzen einen kühlen schattigen Standort. Mit fünf bis sechs Blättern kommen sie ins Beet. Pflanzen Sie den Salat gestaffelt über mehrere Tage aus, so streckt sich auch der Erntezeitraum. Pflück- und Schnittsalat-Sorten säen Sie direkt in Reihen dünn aus. Auf eine Düngung können Sie verzichten, für den Schwachzehrer sind meist noch genügend Nährstoffe im Boden vorhanden. Die Pflanzen sollten

Sorten für den Herbst- und Winteranbau:

'Humil': Wintersalat, mittelgroße, hellgrüne geschlossene Köpfe

'Maiwunder': Wintersalat, Außenblatt hellgrün, Innenkopf gelb

'Merveille des quatre saisons' (Vier Jahreszeiten): Kopfsalat, rotbraune Blätter

'Ovired': Schnittsalat, kleine, dunkelrote Blätter, wird als „Roter Feldsalat" bezeichnet

'Saragossa': Bataviasalat, grün mit roter Tuschung, für blattweise Ernte

weiter auseinander stehen als bei der Frühjahrspflanzung, damit Boden und Blätter gut abtrocknen können. Kopf- und Schnittsalate eignen sich besonders für die Kultur in Frühbeet und Gewächshaus. Vergessen Sie bei Herbstsonne das Lüften nicht.

Salat verträgt etwa −5 bis −8 °C Frost. Jungpflanzen sind frosthärter als ausgewachsene Pflanzen. Für die Überwinterung sollen die Jungpflanzen etwa sechs bis acht Blätter haben. Eine Vliesabdeckung bietet zusätzlichen Schutz bei tieferen Temperaturen. Auch wenn nicht jede Pflanze durchkommt, können Sie von den restlichen ab April den frühesten Salat im Jahr ernten.

Coole Ernte

Salatblätter können Sie in jeder Größe ernten, je kleiner, desto zarter. Daher kommt es nicht darauf an, dass die Sorten einen festen Salatkopf bilden. Meist kann von Oktober bis Dezember geerntet werden. Die als Jungpflanze überwinternden Wintersalate sind erst im folgenden Frühjahr ab April groß genug für die Ernte. Salat welkt als wasserreiches Blattgemüse schnell. Daher erst das Erntemesser zücken, wenn in der Küche Salat auf dem Speiseplan steht. Pflanzen im gefrorenen Zustand nicht ernten, erst warten, bis sie gegen Mittag aufgetaut sind. Wenn Salat gelagert werden soll, stellen Sie ihn mitsamt der Wurzel in etwas Wasser in die Blumenvase. So bleibt ein Kopf einen Tag lang frisch. Im Herbst ist frisches Salatgrün immer willkommen. Salate enthalten Vitamine und Mineralstoffe, sie sind, bis auf das Dressing, kalorienarm.

Was schiefgehen kann

→ **Läuse**: treten auf, wenn der Herbst lange trocken und warm bleibt, vorbeugend gießen, rotblättrige Sorten werden weniger angeflogen.

→ **Falscher Mehltau, Grauschimmel:** nasse Blätter verhindern, weite Pflanzabstände wählen.

Nur kleine Salatpflanzen sind genügend frosthart und können überwintern. Ausgewachsener Kopfsalat wird vor starkem Frost lieber geerntet.

SCHWARZ-WURZEL

Scorzonera hispanica

Die langen Wurzeln mit der schwarzen Schale sind ein typisches Wintergemüse. In der Küche werden die geschälten weißen Wurzeln als Winterspargel geschätzt.

Spickzettel

Schwierigkeitsgrad:

Frosthärte:

Nährstoffbedarf:

Kulturdauer:

Geeignet für: HB, GB
Pflanzenfamilie: Korbblütler, Asteraceae
Pflanzenhöhe: 25 bis 35 cm
Winteraussaat: M 4 Direktsaat
Pflanzenabstand: 5 × 30 cm
Fruchtfolge: nicht nach Möhren, Sellerie, anderen Korbblütlern
Lagerung: bleibt im Beet stehen, Erdmiete, Erdkeller
In der Küche: Ernte der Wurzeln, als Gemüse, Auflauf, Cremesuppe

Winterkultur

Schwarzwurzeln benötigen als Wurzelgemüse für ihr Wachstum die ganze Saison. Dafür werden ab April die stäbchenförmigen Samen mit 3 bis 5 cm Abstand in die Saatrille ausgesät. Säen Sie erst im Juli aus, überwintern die Pflanzen und Sie ernten im Folgejahr ab August/September. Zuvor muss der Boden bis in eine Tiefe von 30 bis 40 cm augelockert werden, denn sonst bilden sich keine geraden Wurzeln. In klutigen, steinigen Böden werden die Wurzeln beinig, sie verzweigen sich. Kompost zur Nährstoffversorgung arbeiten Sie frühzeitig im März in den Boden ein. Im Juni oder Juli geben Sie für die Hauptwurzelentwicklung noch eine Düngergabe in organischer Form. Meist müssen die Jungpflanzen nicht ausgedünnt werden. Die Wurzeln sollen

Sorten für den Herbst- und Winteranbau:

'Einjährige Riesen': lange, gleichmäßige Wurzeln

'Hoffmanns Schwarze Pfahl': lange, gleichmäßige, unverzweigte Wurzeln

'Meres': lange Wurzeln, Laub tolerant gegen Echten Mehltau

'Schwarzer Peter': Wurzeln etwas dicker, mittellang

nur daumendick werden. Haben die Pflanzen zu großzügige Abstände, werden die Wurzeln zu dick und hohl. Ab Ende Juli beginnt die Hauptwachstumszeit der Wurzeln. Gibt es nicht genug Regen in dieser Zeit, greift man zur Gießkanne und wässert die Schwarzwurzeln. Sie neigen bei Trockenheit dazu, eine borkige dicke Schale zu bilden.

Coole Ernte

Die Schwarzwurzel wächst von Natur aus mehrjährig und ist völlig winterhart. Die Ernte der daumendicken Wurzeln kann ab Oktober beginnen. Sie erfolgt sehr sorgsam, da die Wurzeln wie Glas brechen und ein klebriger Milchsaft austritt. Stechen Sie mit der Grabegabel neben die Reihe und heben die Erde aus. Von der anderen Seite der Reihe drücken Sie mit der Grabegabel die Schwarzwurzeln in diesen Graben. So lassen sie sich aus dem Boden ziehen. Zerbrochene und verletzte Wurzeln gleich in der Küche verarbeiten. Ganze, unbeschädigte Wurzeln können gut in Erdmieten in Sand und im Erdkeller eingelagert werden. Dafür schneiden Sie die Reste der Blätter kurz über dem Kopf der Wurzeln ab. So können Sie sie den ganzen Winter über nutzen, auch wenn es starken Bodenfrost gibt. Für die Zubereitung in der Küche stellen Sie sich Einmalhandschuhe und einen Topf mit Essigwasser bereit. Schälen Sie die schwarze Schale am besten mit dem Sparschäler ab. Der milchige Saft, der beim Schälen austritt, klebt wie Latex. Das Essigwasser verhindert, dass sich die Wurzeln braun verfärben. Gedünstet oder gebraten schmecken sie gut mit hellen Soßen. Die Wurzeln können auch im Frühjahr noch genutzt werden, denn sie werden im Boden nicht holzig.

Was schiefgehen kann

→ **Wühlmäuse, Feldmäuse:** finden im Winter die leckeren Wurzeln, fressen sie an, besser Schwarzwurzeln aus dem Boden nehmen und einlagern.

→ **Echter Mehltau:** Pilzmyzel als mehlartiger Belag auf den Blätter, wässern der Pflanzen bei trockenem Boden fördert die Bildung neuer Blätter.

Die Wurzeln enthalten einen klebrigen Latex-Saft. Mit dem Tragen von Küchenhandschuhen vermeiden Sie klebrige Finger.

SELLERIE

Apium graveolens var. rapaceum

Knollensellerie ist ein unverzichtbares Suppengemüse. Mit seinem kräftigen Geschmack wird das Knollenfleisch gebraten oder gebacken zum herzhaften Wintergemüse.

Winterkultur

Die Kultur beginnt Anfang April mit der Aussaat in Saatkisten. Die Samen nur flach aussäen, mit Erde bedecken und andrücken, denn Sellerie ist ein Lichtkeimer. Die Samen keimen nach 14 bis 20 Tagen. Die Keimlinge werden pikiert und in größere Töpfe umgesetzt. Gepflanzt wird erst Anfang Juni, wenn die Pflanzen sechs bis acht Blätter gebildet haben. Im Beet werden die Jungpflanzen nicht zu tief gesetzt, da sich ein Teil der Knolle über der Erde bildet. Während der ganzen Jungpflanzenkultur darf die Temperatur nicht unter 16 °C fallen. Die Pflanzen bekommen sonst einen Blühreiz, bilden Samen und nur noch sehr kleine Knollen. Tritt Anfang Juni noch die „Schafskälte" auf, können Sie die Pflanzen mit einer Vliesabdeckung vor Kälte schützen. Sellerie bevorzugt frische, nährstoffreiche Lehmböden, die nicht austrocknen. Der Wasserbedarf bleibt bis zur Ernte hoch, gerade im Sommer. Zur Knollenbildung geben Sie im August noch eine Gabe reifen Kompost oder gießen mit verdünnter Brennnessel-Brühe. Kopfkohl, Grünkohl und Porree sind gute Mischkulturpartner im Wintergemüsebeet.

Spickzettel

Schwierigkeitsgrad: 🍃🍃🍃

Frosthärte: ❄

Nährstoffbedarf: ⚇ ⚇ ⚇

Kulturdauer: ●–●–●

Geeignet für: HB, FB, GH, GB

Pflanzenfamilie: Doldenblütler, Apiaceae

Pflanzenhöhe: 30 bis 40 cm

Winteraussaat: A 4 bis E 4, Vorkultur

Pflanzenabstand: 30 × 30 cm

Fruchtfolge: nicht nach Möhren oder anderen Doldenblütlern

Lagerung: einlagern in Erdmiete, Erdkeller

In der Küche: Ernte der Knollen, für Gemüsesuppen, gebraten, Cremesuppe

Sorten **für den Herbst- und Winteranbau:**

'Ibis': runde, glatte Knollen, schnellwüchsig, widerstandsfähig gegen Sellerierost

'Mars': dicke, grünlichweiße Knollen, widerstandsfähig gegen Sellerierost

'Monarch': sehr große Knollen mit wenig Seitenwurzeln

'Prinz': runde Knollen mit kleinem Wurzelansatz, schossfest

Coole Ernte

Wenn der Knollensellerie im Sommer eine starke Blattrosette gebildet hat, schneiden Sie für die Küche die würzigen Blätter als Suppengrün. Nicht zu viele pro Pflanze, sonst fehlt ihnen die Kraft zu Knollenbildung. Die Knollen sind ab Oktober groß genug für die Ernte. Sie lockern sie mit der Grabegabel und schütteln die Erde aus den dicken Seitenwurzeln. Die Blätter und Feinwurzeln schneiden Sie von den Knollen ab. Da die Knollen zum Teil offen über der Erde stehen, vertragen sie nur leichten Frost. Über Winter nimmt man sie daher aus dem Beet, putzt die Knollen und schichtet sie aufrecht in Kisten mit feuchtem Sand. Der Kopf mit den Blättern bleibt über dem Sand, da es sonst Fäulnis geben kann. In Scheiben geschnitten, paniert und gebraten sind Sellerieschnitzel eine würzige Gemüsebeilage. Unersetzlich sind sie für alle wärmenden Wintersuppen.

Was schiefgehen kann

→ **Schosserbildung:** Pflanze bildet Blüten, aber keine Knolle, ausgelöst durch zu kühle Anzuchttemperaturen, Trockenheit, Temperaturen bei der Vorkultur nicht unter 16 °C, nicht zu früh auspflanzen, bei Schafskälte Vliesabdeckung, gießen.

→ **Septoria-Blattflecken:** als Sellerierost bezeichnet, kleine graubraune Flecken auf den Blättern, widerstandsfähige Sorten verwenden.

→ **Wühlmäuse:** Lieblingsspeise im Winter, eingelagerte Knollen sind sicher vor Wühlmausfraß.

Die dicken Sellerieknollen graben Sie am besten mit der Grabegabel aus.

SPINAT

Spinacia oleracea

Spickzettel

Schwierigkeitsgrad: 🍃

Frosthärte: ❄ ❄

Nährstoffbedarf: ⚫ ⚫

Kulturdauer: ●–○–○

Geeignet für: HB, FB, B, GH, GB

Pflanzenfamilie: Fuchsschwanzgewächse, Amarathaceae

Pflanzenhöhe: 10 bis 20 cm

Winteraussaat: E 8 bis E 9 Direktsaat

Pflanzenabstand: 5 × 20 cm

Lagerung: bleibt im Beet stehen

Fruchtfolge: nicht nach Gartenmelde, Rote Bete, Mangold

In der Küche: Ernte junger Blätter, für gemischte Salate, Quiche, Smooties, Gemüse

Selbst wenn die Tage dunkler und kürzer werden, bildet Spinat noch neue Blätter. Der Herbstspinat mit seinen festeren Blättern hat mehr Aroma als der Frühjahrsspinat.

Winterkultur

Die großen Samenkörner werden mit etwas Abstand in 3 bis 4 cm tiefe Saatrillen ausgesät. In der Reihe die Samen mit 4 bis 5 cm Abstand auslegen, so entwickeln sich größere Blattrosetten. Spinatsamen können auch großflächig auf alle freien Beetflächen gesät werden. Spinat ist eine gute Gründüngungspflanze, die Wurzeln reichen tief in die Erde und hinterlassen einen krümeligen Boden. Natürlich können von den Gründüngungspflanzen auch Blätter geerntet werden. Die Samen keimen bei kühleren Temperaturen ab 5 °C nach 7 bis 10 Tagen. Bei Temperaturen über 15 °C sinkt die Keimfähigkeit sogar. Für eine Aussaat ab August daher lieber abwarten, bis die heißen Tage vorbei sind. Im Gewächshaus und Frühbeet kann bis Anfang Oktober

Sorten für den Herbst- und Winteranbau:

'Butterflay': schnelles Wachstum, rundovale Blätter, mehltautolerant

'Lazio F1': aufrecht stehende Blätter, resistent gegen zehn Mehltaurassen

'Matador': bildet große Blattrosetten, geeignet als Gründüngung

'Winterriesen / Verdil': schnelles Wachstum, große, zarte Blätter

ausgesät werden, mit steigenden Temperaturen wieder ab Februar. Die Sämlinge erkennen Sie an ihren langen schmalen Keimblättern.

Spinatpflanzen benötigen für ihr schnelles Blattwachstum Nährstoffe. Standen Buschbohnen, Erbsen oder Kartoffeln als Vorkultur, sind meist noch genügend Restnährstoffe im Boden vorhanden. Auf sandigen Böden harken Sie vor der Aussaat 3 bis 5 Liter Kompost in den Boden ein. Fällt der Spätsommer trocken aus, gießen Sie die Saatreihen vor der Aussaat. Die Blattrosetten vertragen winterliche Regenschauer gut, ohne dass die Blätter faulen. Ausgewachsene Pflanzen sind frosthart. Sie überwintern auf dem Beet. Nach dem Winter bilden sie wieder frische Blätter.

Coole Ernte

Die Blattform bei den Spinatsorten variiert von eiförmig bis pfeilförmig spitz. Manche Sorten haben rötliche Stiele und Blattnerven, was Farbe in gemischte Salate bringt. Ernten Sie die jungen Blätter einzeln mit einem Messer oder Schere. Zwei bis vier Blätter lassen Sie an den Pflanzen. Aus dem Herz wachsen die Pflanzen wieder nach. So sind von einer Aussaat zwei bis drei Ernten möglich. Die Blätter des Winter-Spinates sind fester und geschmacklich intensiver, weil sie langsamer gewachsen sind als der schnell gewachsene Frühlingsspinat. Die Blätter schmecken roh in gemischten Salaten und sind Zugabe zu grünen Smoothies. Gewaschen und blanchiert schmeckt Spinat auf der Pizza, als Quiche oder auch klassisch als Gemüsebeilage zu Salzkartoffeln. Beim Dünsten fällt das Volumen der Blätter stark zusammen. Geerntete Blätter halten sich im Kühlschrank in einer Frischhaltebox für ein bis zwei Tage.

Was schiefgehen kann

→ **Falscher Mehltau** (*Peronospora farinosa*): hellgelbe Flecken auf den Spinatblättern, auf der Blattunterseite bei feuchtem Wetter grauer Pilzrasen, bei den Sorten auf entsprechende Resistenzen achten, im Winter dünn aussäen mit breiteren Reihenabständen als im Sommer, die Blätter sollen schnell abtrocknen können.

Große Samen, lange Keimblätter, schnelles Wachstum, das ist typisch für Spinat.

Spickzettel

Schwierigkeitsgrad:

Frosthärte:

Nährstoffbedarf:

Kulturdauer:

Geeignet für: HB, FB, GB

Pflanzenfamilie: Kreuzblütler, Cruciferae

Pflanzenhöhe: 25 bis 30 cm

Winteraussaat: M 5 bis A 6 Vorkultur

Pflanzenabstand: 30 × 30 cm

Lagerung: Erdmiete, Erdkeller

Fruchtfolge: nicht nach anderen Kreuzblütlern

In der Küche: Ernte der Rübe, als Gemüse, Eintöpfe, Rösti, Püree, Rohkost

STECKRÜBE

Brassica napus ssp. napobrassica

Die Knollen sind keine Schönheiten, aber einfach im Garten anzubauen und lecker in der Küche. Die Steckrübe oder Wruke wird mit neuen Rezepten wieder beliebter.

Winterkultur

Kohlrübe wird sie auch genannt, weil sie mit dem Kohl verwandt ist. Verglichen mit Herbstrüben haben Steckrüben blau bereifte, unbehaarte Blätter. Ausgesät wird Mitte Mai bis Anfang Juni 2 bis 3 cm tief in Saatgutschalen oder in Anzuchtbeete. Die runden Samen keimen innerhalb von 6 bis 8 Tagen. Bevor im Juli bis Anfang August umgepflanzt wird, bewässern Sie den Boden in dem Pflanzbeet für Steckrüben, wenn es im Sommer trocken ist. Die Jungpflanzen sorgfältig nicht zu tief einpflanzen, da sich ein Teil der Rübe über der Erde bildet. Bleibt der Sommer trocken, muss immer mal wieder durchdringend gegossen werden. Die Rüben besitzen kein tief in den Boden reichendes Wurzelsystem. Steckrüben stellen keine besonderen Bodenansprüche, in frischen Lehmböden bleibt das Rübenfleisch aber zarter und wird nicht holzig. Sie benötigen nicht so viel Dünger wie andere Kohlpflanzen. Steckrüben sind mäßig winterhart. Angehäufelt mit Erde und Laub können sie bis etwa −8 bis −10 °C in der Erde bleiben. Bevor es tiefere Fröste gibt, gräbt man sie aus und lagert die Rüben ein.

Sorten für den Herbst- und Winteranbau:

'Helenor': kugelige Rübenform, violettroter Kopf, Fleisch orangegelb

'Wilhelmsburger': grüner Kopf, orangegelbes Fleisch, gut zu lagern

Coole Ernte

Zur Ernte ab November heben Sie die Rüben mit der Grabegabel aus der Erde. Die Rüben dabei nicht anstechen oder verletzen. Sie bleiben in der Erde, solange keine tieferen Minusgrade unter −8 °C oder Dauerfrost angesagt sind. Wer die Beete freiräumen möchte, nimmt die Rüben raus, trennt das Laub ab und lagert sie in Sand oder Erde in der Erdgrube oder im Erdkeller.

Steckrüben haben ein Imageproblem, sie gelten als Arme-Leute-Essen und waren karge Kost in den Kriegsjahren. Als die Gemüseauswahl im Einzelhandel größer wurde, wurden sie einfach vergessen. Dabei bieten die bis über ein Kilogramm schweren Rüben ein tolles Gemüse, süßlich wie Möhren und mit mehr Vitamin C als diese. Mittelgroße Rüben mit 10 bis 15 cm Durchmesser sind zart und saftig. Vor dem Kochen die dicke Rinde abschälen und das orangefarbige Rübenfleisch in Stifte schneiden. Gerieben wie Möhren können Steckrüben auch als Rohkost zubereitet werden. Sie bieten gekocht eine Gemüsebeilage wie Möhren, bereichern Eintöpfe wie den Irish Stew oder werden zu Püree verarbeitet. Angeschnittene Knollen halten sich im Kühlschrank für 3 bis 4 Tage.

Was schiefgehen kann

→ **Erdflöhe:** Lochfraß an den Jungpflanzen, wässern der Reihen vertreibt die Käfer.

→ **Kohlweißling**: legt Eier an die Blätter, Kulturschutznetze auflegen.

→ **Kohlhernie:** wie mit anderen Kohlsorten 4-jährigen Fruchtwechsel einhalten.

→ **Rübennematoden**: nicht nach Mangold oder Roter Bete pflanzen.

Die Knollen sind keine Schönheiten, aber zubereitet als Gemüse eine Wucht.

STIELMUS

Brassica rapa ssp. rapa

Stielmus ist eine besondere Form der Speiserübe. Als Gemüse ist es besonders im Rheinland, in Nordrhein-Westfalen und Ostwestfalen bekannt.

Winterkultur

Wie der Name schon beschreibt, werden die fleischigen Stiele als Gemüse zubereitet. Die Blätter wurden dafür abgestreift, was die Namen Streifmus oder Stripmaus belegen. Alte Sorten haben grobe, behaarte Blätter, bei den heutigen Sorten sind die Blätter glatt und zart und werden mitgenutzt. Die Samen werden in Reihen mit 20 cm Abstand dicht ausgesät. Die eng beieinander wachsenden Pflanzen bilden keine Rüben, sondern fleischige Blattstiele und zarte Blätter. Wenn die Einzelpflanzen mehr Platz haben, bilden sie breite Blattrosetten. Sie wachsen zügig, kommen auch mit sandigen Böden zurecht und sind ideal für die Aussaat ab August als Nachkultur auf freien Flächen im Beet. Eine Düngung zu Stielmus ist nicht nötig, die Kultur nutzt die Restnährstoffe im Boden. Je nach Eintritt tieferer Temperaturen unter −5 °C können Sie die Pflanzen bis Dezember ernten. Stärkere Fröste überstehen sie nicht. Länger ernten können Sie bei Anbau im Frühbeet und Gewächshaus. Da auch Stielmus zur großen Familie der Kreuzblütler gehört, sollten Sie einen 4-jährigen Fruchtwechsel einhalten, damit es keine Probleme mit der Kohlhernie gibt.

Spickzettel

Schwierigkeitsgrad: 🍃

Frosthärte: ❄

Nährstoffbedarf: ⚈ ⚈

Kulturdauer: ●–●–○

Geeignet für: HB, FB, B, GH, GB

Pflanzenfamilie: Kreuzblütler, Cruciferae

Pflanzenhöhe: 25 bis 35 cm

Winteraussaat: A 8 bis M 9 Direktsaat, Ernte junger Blätter nach 6 bis 8 Wochen

Pflanzenabstand: 2 × 20 cm

Lagerung: bleibt im Beet stehen, mulchen, abdecken

Fruchtfolge: nicht nach anderen Kreuzblütlern

In der Küche: Ernte junger Blätter und Stängel, für gemischte Salate, als Gemüse

Sorten für den Herbst- und Winteranbau:

'Namenia': gefiedertes Blatt, feine Stiele, keine Rübchenbildung

'Rübstiel': gefiedertes Blatt, feine Stiele, keine Rübchenbildung

'Snowball': Mairübchen, bei enger Aussaat kleine Rübchen, für Blatt- und Stängelernte

Coole Ernte

Stielmus gehört zu den schnell wachsenden Blattstielgemüsen. Sobald genügend Blattmasse vorhanden ist, können Sie die Pflanzen abschneiden. Sie treiben aus dem Herz Blätter nach, so kann mehrmals geerntet werden. Für die Ernte langer Stiele ziehen Sie die Pflanzen mit der Wurzel aus dem Boden. In der Küche die Pflanzen gründlich waschen, die Wurzeln abschneiden, gelbe Blätter entfernen. Die starken weißen Blattstiele in Stücke schneiden, in Brühe kurz dünsten und mit Butter oder heller Soße anrichten, so ergeben sie eine feinsäuerliche Gemüsebeilage. Als Eintopf bereiten Sie Stielmus mit Kartoffeln und Rindersuppenfleisch zu. Jung geerntet können Sie den Stielmus auch als Rohkost wie Salat anrichten. Wenn sich an den Wurzeln kleine Rübchen gebildet haben, kann man sie wie Radieschen essen. Stielmus enthält Senfölglykoside, die ihm den würzigen Geschmack und eine gewisse Schärfe verleihen. Stielmus hält sich im Kühlschrank 1 bis 2 Tage frisch, wenn die Pflanzen mit Wurzeln in einem feuchten Tuch eingeschlagen sind.

Was schiefgehen kann

→ **Erdflöhe:** Sie fressen Löcher in die Blätter, bei trockenem Boden wässern.

→ **Kohlweißling:** Der Schmetterling legt auch noch spät Eier an die Pflanzen, Schutz durch Vliesabdeckung.

→ **Kohleule**: Die zweite Generation Raupen des Nachtfalters fressen bis Oktober an den Pflanzen, auch hier hilft eine Abdeckung mit Kulturschutznetzen.

Hier sind die Stiele als Gemüse gefragt, nicht die Rübchen.

TOPINAMBUR

Helianthus tuberosus

Sie gehören zu den Riesen unter den Gemüsepflanzen. Bevor Sie im Herbst die Wurzeln ausgraben, dienen die Pflanzen als grüner Sichtschutz.

Winterkultur

Da erweist sich eine Pflanze mal als unkompliziert, ist das auch nicht recht. Es liegt wohl daran, dass die Knollen und selbst Bruchstücke, die im Boden bleiben, im folgenden Jahr wieder austreiben. Sie sind völlig winterhart. Die Knollen werden wie Kartoffeln einzeln etwa 20 cm tief mit großzügigem Abstand von 40 × 60 cm gepflanzt. Versorgen Sie den Gartenboden durch 3 bis 5 l Kompost mit ausreichend Nährstoffen. Topinambur soll andere Gemüsepflanzen nicht beschatten, lieber einen Standort am Rande des Gartens wählen. Wer Topinambur mag, legt sich eine Dauerkultur an, ein Beet, wo sie für einige Jahre stehen dürfen. Häufeln Sie die Stauden an, wenn Sie etwa hüfthoch sind. Das erhöht die Standfestigkeit, sonst drückt der Wind die Stauden zur Seite. Im Sommer kann eine zweite Gabe Kompost und Mulchmaterial als Bodenschutz zwischen die Reihen gestreut werden. Solange die Pflanzen grüne Blätter haben, können die Knollen noch wachsen. Im Herbst sterben die oberirdischen Stängel und Blätter ab. Nur wenige frühe Sorten bilden vorher ihre sonnengelben Blüten. Bevor es in die Küche geht, ein paar Knollen zum Pflanzen für das nächste Jahr zurücklegen.

Spickzettel

Schwierigkeitsgrad: 1 von 3 (Blatt)

Frosthärte: ❄ ❄ ❄

Nährstoffbedarf: 3 von 3

Kulturdauer: 1 von 3

Geeignet für: GB

Pflanzenfamilie: Korbblütler, Asteraceae

Pflanzenhöhe: 200 bis über 300 cm

Winteraussaat: M 3 bis A 5 Knollen pflanzen

Pflanzenabstand: 40 × 60 cm

Lagerung: bleibt im Beet stehen, Erdmiete, feuchter Sand

Fruchtfolge: Dauerkultur anlegen

In der Küche: Ernte der Knollen, als Rohkost, Gemüse, gebraten, Gemüsechips, Cremesuppen

Sorten für den Herbst- und Winteranbau:

'Fuseau': längliche Knollen, hellschalig, Reife mittelspät

Sonnenwurzel oder Helianthi: spindelförmige, selten verzweigte Knollen, hellschalig, sonst wie Topinambur, botanisch eine eigene Art (*Helianthus strumosus*)

'Topstar': längliche Knollen, hellschalig, Reife früh, niedrig im Vergleich zu anderen Sorten

Coole Ernte

Ernten Sie die Knollen mit der Grabegabel, indem Sie die Stauden mit Abstand umstechen. So werden am wenigsten Knollen verletzt. Die Knollen hängen an dicken Tragfäden, die mehr oder weniger eng um die Pflanze herum gewachsen sind. Sie können die Stauden nach und nach ernten, wenn sie in der Küche gebraucht werden. Die Schale der Topinamburknollen ist weniger verkorkt als bei Kartoffeln, daher schrumpeln sie schnell. Am besten sind sie im Boden aufgehoben. Zum Lagern werden die Knollen in feuchtem Sand im Erdkeller bei hoher Luftfeuchtigkeit eingelagert. Dann besteht auch für Wühlmäuse kein Anreiz mehr, Ihren Garten zu besuchen.

Je nach Sorte kann die Schale der Knollen gelbbraun oder rötlich sein. Ihr Fleisch ist immer cremeweiß. Für die Zubereitung die Knollen mit der Gemüsebürste waschen und schälen. Die dünne Schale kann auch mitgegessen werden. Aus Topinambur lässt sich geraspelt Rohkost zubereiten oder dünn geschnittenes Carpaccio, er schmeckt auch gedünstet als Gemüse oder als knusprige Gemüsechips aus dem Backofen. Die Garzeit ist mit etwa 10 bis 15 Minuten kürzer als bei Kartoffeln. Wegen ihres Gehaltes an Inulin, ein Fruchtzucker, schmecken die Knollen nussartig süß.

Was schiefgehen kann

→ **Wühlmäuse:** Sie lieben die Knollen als Winterkost. Da hilft nur eine gute Falle.

→ **Verunkrautung:** durch austreibende Knollen, ein Beet für Topinambur als Dauerkultur reservieren.

Die Sonnenwurzel wächst fast unverzweigt, die Knollen liegen sternförmig um den Spross herum.

WINTER-HECKEN-ZWIEBEL

Allium fistulosum

Die echte Winterheckenzwiebel ist in ihrer Winterhärte unübertroffen. Lauchzwiebeln sind beliebter, räumen das Beet jedoch vor dem Frost.

Spickzettel

Schwierigkeitsgrad: 🍃

Frosthärte: ❄ ❄ ❄

Nährstoffbedarf: ●●

Kulturdauer: ●–●–●

Geeignet für: HB, FB, B, GH, GB

Pflanzenfamilie: Amaryllisgewächse, Amaryllidaceae

Pflanzenhöhe: 30 bis 40 cm

Winteraussaat: A 4 bis E 5 Direktsaat, Jungpflanzen setzen ab April

Pflanzenabstand: 20 × 20 cm

Lagerung: bleibt im Beet stehen, mulchen, abdecken

Fruchtfolge: nicht nach anderen Zwiebelgewächsen

In der Küche: Ernte junger Zwiebelblätter, für Salate, Quark, Brotbelag, zu Pfannengerichten

Winterkultur

Die Winterheckenzwiebel ist aus den Bauerngärten bekannt. Die Zwiebeln im Boden sind absolut winterhart. Das Laub stirbt bei stärkerem Frost ab, treibt aber früh, oft Ende Februar, schon wieder aus. Da die Anzucht aus Samen sehr lange dauert, empfehle ich, die Zwiebeln zu pflanzen. Die Topfpflanze gibt es bei Kräutergärtnereien. Achten Sie darauf, dass Sie die echte Winterheckenzwiebel bekommen und keine moderne Lauchzwiebel, die keine ausreichende Winterhärte besitzt. Sie ist als einzige Gemüse-Zwiebelpflanze, gemeinsam mit der Etagenzwiebel, mehrjährig. Setzen Sie sie daher in ein sonniges Beet für Dauerkulturen, wo auch andere Kräuter stehen. Als Boden ist ein sandiger Lehm ideal, mit Nährstoffen, aber wasserdurchlässig. Die Zwiebeln im Boden sind als Speicherorgan nur schwach verdickt. Typisch sind die röhrenförmigen blau bereiften Blätter, die auch Schlotten genannt werden. Mit den Jahren teilen sich die Zwiebeln und die Büsche werden immer dichter. Alte Pflanzen können Sie im Frühjahr oder Herbst mit der Grabegabel aus dem Boden nehmen, teilen und die geteilten Zwiebeln in ein neu vorbereitetes

Sorten für den Herbst- und Winteranbau:

Sie wird im Handel oft als „Lauchzwiebel Winterhecke“ bezeichnet.

'Freddy': jung geerntet von ausgesäten Pflanzen, mit schlanker weißer Zwiebel

'Negaro': lange weiße Schäfte, im Herbst abernten, nicht genügend winterhart

Beet pflanzen. Im Sinne des Fruchtwechsels sollte dort kein Porree oder andere Zwiebeln gestanden haben. Freunde freuen sich sicher über eine Winterheckenzwiebel.

Coole Ernte

Im Sommer nach der Blütezeit im Juli hat die Zwiebel eine Ruhepause. Im Herbst treiben wieder neue Blätter durch. Diese können Sie bis zu den ersten tieferen Frösten ernten, dann fallen sie zusammen. Aber ab Anfang März treibt die Winterheckenzwiebel wieder aus. Die jungen röhrenförmigen Blätter sind besonders mild. Sie bieten das erste frische Zwiebellaub für die Küche, sogar noch vor dem Austrieb des Schnittlauchs. Die röhrenförmigen Blätter sind hohl. Klein geschnitten ergeben sie feine Zwiebelringe für Salate, die Bratkartoffeln würzen oder Quark und Eierspeisen. Geschnittene Zwiebelblätter lassen sich gut einfrieren.

Was schiefgehen kann

→ **Rost**: Es erscheinen kleine rostrote Flecken auf den Blättern, aus denen sich staubartige Pilzsporen verteilen, ab Juli bei feuchtwarmem Wetter, die befallenen Blätter vergilben. Im Sommer und Herbst abgestorbene Pflanzenreste entfernen.

→ **Zwiebelfliege** (*Delia antiqua*): Nach der Aussaat welken die jungen Zwiebelpflanzen, die Pflanzen lassen sich leicht aus dem Boden ziehen. Am Zwiebelboden fressen weiße Maden. Abdecken der Aussaatreihen ab der Löwenzahnblüte mit feinmaschigen Gemüseschutznetzen.

Wenn sie nicht gerade im Sommer blüht, gibt die echte Winterheckenzwiebel das erste und das letzte Zwiebellaub her.

WINTER-PORTULAK

Claytonia perfoliata

Langsam aber stetig hat sich die kleine Salatpflanze in unser Wintersalatsortiment geschmuggelt. Die Pflanzen kennen keine Schädlinge und Krankheiten.

Winterkultur

Winterportulak wird auch Postelein oder Tellerkraut genannt. Es stammt aus den Küstenregionen Nordamerikas, kommt bei uns wild vor und gilt als eingebürgerte Pflanze. Während des Goldrausches in Kalifornien hat der Verzehr von Postelein die Goldgräber vor Skorbut, einer Vitaminmangelkrankheit, geschützt. Die Kultur der einjährigen Pflanze beginnt mit der Aussaat der feinen schwarzen Samen ab Ende August. Postelein keimt erst, wenn die Tage kühler werden und die Bodentemperatur unter 12 °C liegt. Die kleinen Pflanzen des Postelein können Sie auch im Balkonkasten kultivieren. Im Gewächshaus können Sie noch bis September aussäen oder früh ab Ende Februar und ernten dann

Spickzettel

Schwierigkeitsgrad:

Frosthärte:

Nährstoffbedarf:

Kulturdauer:

Geeignet für: B, HB, FB, GH, GB

Pflanzenfamilie: Portulakgewächse, Portulacaceae

Pflanzenhöhe: 10 bis 20 cm

Winteraussaat: E 8 bis E 9 Direktsaat

Pflanzenabstand: 10 × 15 cm

Lagerung: bleibt im Beet stehen, mulchen, abdecken

Fruchtfolge: unproblematisch, da nur mit Sommerportulak verwandt

In der Küche: Ernte junger Blätter, für gemischte Salate, Quark, Brotbelag, Smootie bis Mai. Postelein wächst auf allen Böden, er begnügt sich mit den Restnährstoffen der Vorkultur. Wenn Sie die Samen dicht aussäen, stehen die Pflanzen eng und die Blätter wachsen aufrecht. Das erleichtert die Ernte und die Blätter bleiben sauber. Junge Rosetten von Postelein lassen sich leicht umpflanzen. So können zu dichte Reihen ausgedünnt werden und Sie ernten noch mehr Blätter. Wenn im Mai die Blüten aus dem tellerförmigen Blättern herauswachsen, beendet dies die Ernte. Wenn Sie die Bildung von Samen zulassen, werden Sie jedes Jahr ab September Postelein in Ihrem Garten finden!

Coole Ernte

Für die Ernte des Postelein die Blattrosetten mit der Hand an den Stängeln umfassen und mit dem Messer oder einer Schere abschneiden. Das Herz der Rosetten bleibt dabei stehen. So wachsen innerhalb von etwa 4 bis 5 Wochen Blätter nach. Die Pflanzen können mehrfach beerntet werden, sogar noch, wenn sich im Frühjahr die großen Blätter mit den Blüten zeigen. Wer die langen Blattstiele nicht mag, schneidet sie in der Küche beim Waschen des Salates ab. Die etwas fleischigen Blätter des Postelein sind saftig mit mildem Geschmack. Bereiten Sie damit frische gemischte Salate zu mit Feldsalat, Orangen und Nüssen. Auch Salatrezepte mit Ei schmecken mit Postelein. Im Gemüsefach des Kühlschrankes halten sich die geschnittenen und gewaschenen Blätter etwa für 2 Tage frisch.

Sorten **für den Herbst- und Winteranbau:**
Winterportulak findet sich im Sortiment der bunten Samentüten bei mehreren Anbietern. Es gibt keine Sorten. Nicht mit dem Sommerportulak (*Portulaca oleracea*) verwechseln, er wird im Sommer angebaut und erfriert schon bei geringem Frost.

Was schiefgehen kann

Oh Wunder, eine Pflanze, die nicht krank wird und von keinem Schädling gefressen wird! Ich kann wirklich nichts aufzählen. Selten naschen im Beet und Gewächshaus die kleinen Ackerschnecken an seinen Blättern.

Eine üppige Ernte von Winterportulak im Gewächshaus.

WINTER-RETTICH

Raphanus sativus

Er ist der große Bruder des Radieschens. Dafür haben seine Knollen festeres Fleisch und frecheres Aroma.

Spickzettel

Schwierigkeitsgrad:

Frosthärte:

Nährstoffbedarf:

Kulturdauer:

Geeignet für: HB, FB, GH, GB

Pflanzenfamilie: Kreuzblütler, Cruciferae

Pflanzenhöhe: 15 bis 20 cm

Winteraussaat: M 8 bis A 9 Direktsaat

Pflanzenabstand: 10 × 30 cm

Lagerung: vor stärkeren Frösten in Erdmieten, Sandkisten einlagern

Fruchtfolge: nicht nach Kohlarten und anderen Kreuzblütlern

In der Küche: Ernte der Knollen, als Rohkostsalat, Brotbelag

Winterkultur

Für den Winterrettich als Wurzelgemüse rechnet man mit einer Wachstumszeit von 90 bis 120 Tagen. Säen Sie die Samen daher ab Mitte August bis Anfang September aus und legen dazu die großen Samen mit einem Abstand von 8 bis 10 cm in der Reihe und 30 cm Reihenabstand aus. Als Wurzelgemüse können Sie Rettich nicht umpflanzen. Die Rüben brauchen aber Platz für ihr Dickenwachstum. Stehen die Jungpflanzen zu dicht, ziehen Sie jede zweite davon aus. Rettich wächst auf sandig-humosen Böden. Für die Sorten mit langen Wurzeln den Boden mit dem Sauzahn tief lockern. Rettich verträgt keinen frischen Dünger, Kompost für die Nährstoffversorgung sollte einige Wochen vorher auf dem Beet eingeharkt werden. Rettiche vertragen Frost bis etwa −10 °C, aber sind nicht zu ernten, wenn der Boden gefroren ist. Wenn eine Periode mit

Sorten für den Herbst- und Winteranbau:

'Hilds Blauer Herbst und Winter': konisch geformte lange Knollen, violette Schale

'Münchner Bier': rundovale Knollen, weiße Schale, weißes Fleisch

'Rex': schnellwüchsig, weiße Schale, zylindrische Knollen

'Runder Schwarzer Winter': faustgroße Knollen, schwarze Schale, weißes Fleisch

tieferen Temperaturen angesagt wird, besser den Rettich in Erdmieten oder Erdkeller einlagern. Dazu die Knollen mit der Grabegabel aus dem Boden heben, Erde nur abschütteln, Knollen nicht waschen. Das Laub abschneiden und so in die Erdmiete legen. Im Erdkeller die Knollen in Kisten mit feuchtem Sand einlegen. Mit ihrer verkorkten Schale sind besonders die schwarzen Winterrettiche gut lagerfähig.

Coole Ernte

Die Rettichrüben haben je nach Sorte unterschiedliche Farben und Formen. Die Schale kann weiß, rot, lila oder schwarzbraun sein. Die Sorten mit schwarzer, verkorkter Schale lassen sich am besten lagern. Das Fleisch ist fast immer weiß. Winterrettich wird nach der Ernte gewaschen, geschält und in Scheiben geschnitten oder fein gehobelt. Mit Salz und Pfeffer gewürzt erhalten Sie einen pikanten scharfen Rohkostsalat. Er schmeckt zu Schinken- und Käsebroten. Rettichscheiben können auch milchsauer eingelegt werden. Wen die Härchen an den Blättern nicht stören, kann sie auch für Salate nutzen. Der scharfe Geschmack beruht auf dem Gehalt an schwefelhaltigen Senfölen. Wertgebende Inhaltsstoffe sind zudem Vitamin C und Mineralstoffe, darunter besonders Kalium. Der Saft eines ausgehöhlten, mit Kandis gefüllten schwarzen Rettichs gilt als bewährtes Hausmittel gegen Husten.

Was schiefgehen kann

→ **Rettichschwärze** (*Aphanomyces raphani*): Der Pilz tritt an den Wurzeln auf, bei feuchtem Wetter und kalkreichen Böden, wenn Rettich oft auf demselben Beet gepflanzt wird. Die weißen Rettichsorten sind anfälliger. Vorbeugend einen 4-jährigen Fruchtwechsel einhalten.

→ **Kleine Kohlfliege** (*Delia radicum*): Sie fliegt bei warmen Wetter auch noch im September. Die Larven fressen Gänge in die Wurzeln, die verbräunen und faulen. Als Schutz engmaschige Kulturschutznetze (Maschenweite 0,8 bis 2 mm) auflegen.

Kräftiger Geschmack und eine auffällige Farbe hat der Winterrettich 'Hilds Blauer Herbst und Winter'.

BLATT-SELLERIE

Apium graveolens var. secalinum

Schnittsellerie enthält in seinen Blättern ein dem Knollensellerie ähnliches Aroma.

Er wächst mehrjährig, nur ohne Knollen und ist winterhart. Weil Aussaaten nur langsam wachsen, kaufen Sie besser eine Pflanze im Topf. Beim Auspflanzen erhält der Sellerie eine Handvoll Kompost in einem schattigen Beet, er liebt es ausreichend feucht. Die Blatternte fällt im Winter nicht üppig aus, desto mehr wird die Würze geschätzt.

Spickzettel

Schwierigkeitsgrad: 🍃🍃

Frosthärte: ❄❄❄

Nährstoffbedarf: ●●

Kulturdauer: ●–●–● mehrjährig

Geeignet für: HB, FB, B, GH, GB

Pflanzenfamilie: Doldenblütler, Apiaceae

Pflanzenhöhe: 20 bis 30 cm

Winteraussaat: A 6 bis A 7 Direktsaat oder pflanzen

Pflanzenabstand: 10 × 20 cm

Lagerung: bleibt im Beet stehen, mulchen, abdecken

Fruchtfolge: nicht nach anderen Doldenblütlern

In der Küche: Ernte junger Blätter, für gemischte Salate, Quark, Suppen

GARTEN-KRESSE

Lepidium sativum

Weil sie so schnell keimt und wächst, kann sie bis spät in den Herbst auch im Beet ausgesät werden.

Die Samen sind Lichtkeimer und werden nur dünn mit Erde bedeckt. Die Pflanzen dürfen im Beet größer werden als nur Keimlinge, desto mehr würzige Blätter können wir ernten. Mit etwas Schutz im Frühbeet, Balkonkasten und im Gewächshaus haben wir den ganzen Winter frische Kresse. Sie soll bis −10 °C Frost aushalten. Es hat wohl noch niemand ausprobiert.

Spickzettel

Schwierigkeitsgrad: 🍃

Frosthärte: ❄ ❄

Nährstoffbedarf: ⦿

Kulturdauer: ●–○–○

Geeignet für: HB, FB, B, GH, GB

Pflanzenfamilie: Kreuzblütler, Cruciferae

Pflanzenhöhe: 10 bis 20 cm

Winteraussaat: A 9 bis A 10 Direktsaat

Pflanzenabstand: 3 bis 5 cm

Lagerung: bleibt im Beet stehen, mulchen, abdecken

Fruchtfolge: nicht nach anderen Kreuzblütlern

In der Küche: Ernte junger Blätter, für gemischte Salate, Quark, Brotbelag, Eierspeisen

PETERSILIE

Petroselinum crispum

Petersiliensamen benötigen mehrere Wochen zur Keimung und keimen oft nur schlecht.

Mit dem Kauf der Petersilie im Topf ersparen Sie sich das zickige Keimverhalten des Doldenblütlers. Petersilie wächst mehrjährig als Staude, im zweiten Jahr beginnt sie, im Sommer zu blühen. Für ihr Wachstum liebt sie ein schattiges Kräuterbeet in lehmigen, frischen Böden, kann gut im Topf, auf dem Hochbeet und im Gewächshaus gepflanzt werden. Die Sorten der glattblättrigen Petersilie schmecken wesentlich würziger als die der krausblättrigen.

Spickzettel

Schwierigkeitsgrad:

Frosthärte:

Nährstoffbedarf:

Kulturdauer:

Geeignet für: HB, FB, B, GH, GB

Pflanzenfamilie: Doldenblütler, Apiaceae

Pflanzenhöhe: 20 bis 30 cm

Winteraussaat: A 7 bis A 8 Direktsaat, pflanzen

Pflanzenabstand: 10 × 20 cm

Lagerung: bleibt im Beet stehen, mulchen, abdecken

Fruchtfolge: nicht nach sich selbst oder anderen Doldenblütlern

In der Küche: Ernte junger Blätter, für gemischte Salate, Quark, Brotbelag, Suppen

ROSMARIN

Rosmarinus officinalis

Für die Überwinterung im Freien eignen sich die Sorten 'Arp' und 'Veitshöchheim'.

Fragen Sie in Kräutergärtnereien nach den Sorten und setzen diese im Frühjahr. Eine Topfkultur ist in rauen Lagen sinnvoll, dann können Sie die Pflanzen bei Kälte einräumen. Der immergrüne Halbstrauch leidet bei Frost unter intensiver Wintersonne. Dagegen schützt eine Abdeckung mit weißem Gartenvlies. Wie andere mediterrane Kräuter liebt Rosmarin mageren, durchlässigen Boden. Rosmarin lässt sich leicht trocknen und bevorraten.

Spickzettel

Schwierigkeitsgrad: 🍃

Frosthärte: ❄ ❄

Nährstoffbedarf: ●

Kulturdauer: ●–●–●

Geeignet für: B, HB, GH, GB

Pflanzenfamilie: Lippenblütler, Lamiaceae

Pflanzenhöhe: 30 bis 100 cm

Winteraussaat: pflanzen A 5

Pflanzenabstand: 50 × 50 cm

Lagerung: bleibt im Beet stehen, mulchen, abdecken

Fruchtfolge: mehrjährig, bleibt im Beet stehen

In der Küche: Ernte junger Blätter, für Tee, Fisch, Geflügel, Lamm

SALBEI

Salvia officinalis

Besorgen Sie sich im Frühjahr Pflanzen bei einer Kräutergärtnerei.

Salbei wächst mehrjährig und die Triebe verholzen. Er liebt durchlässigen, kalkhaltigen Boden. Sparsam mit Dünger, auch Kompost umgehen, das verbessert die Winterhärte, sodass die Triebe ausreifen. Nasse Winter sind schwieriger zu überstehen als kalte Winter. Salbei würzt intensiv, so können Sie auch im Winter einige Blätter abpflücken. Die buntblättrigen Salbei-Sorten sind dekorativ, aber nicht so winterhart wie die Sorten mit graugrünen Blättern.

Spickzettel

Schwierigkeitsgrad: 🍃

Frosthärte: ❄❄

Nährstoffbedarf: ●

Kulturdauer: ●–●–●

Geeignet für: HB, B, GH, GB

Pflanzenfamilie: Lippenblütler, Lamiaceae

Pflanzenhöhe: 50 bis 80 cm

Winteraussaat: pflanzen

Pflanzenabstand: 40 × 40 cm

Lagerung: bleibt im Beet stehen, mulchen, abdecken

Fruchtfolge: mehrjährig, bleibt im Beet stehen

In der Küche: Ernte der Blätter, für Geflügelgerichte, Tee

SAUER-AMPFER

Rumex acetosa

Sauerampfer wächst mehrjährig als Staude und bleibt mit kleinen Blättchen wintergrün.

Die Blätter enthalten Oxalsäure, aber die verzehrten Mengen bleiben gering. Sauerampfer liebt wie seine wilden Verwandten in der Wiese einen feuchten Standort in lehmigem Boden. Für sein üppiges Wachstum benötigt er eine Kompostgabe als Dünger. Die Blütenstände abschneiden, damit die Pflanzen ihre Kraft nicht in die Samenbildung stecken.

Spickzettel

Schwierigkeitsgrad:

Frosthärte:

Nährstoffbedarf:

Kulturdauer:

Geeignet für: HB, FB, B, GH, GB

Pflanzenfamilie: Knöterichgewächse, Polygonaceae

Pflanzenhöhe: 20 bis 40 cm

Winteraussaat: A 5 bis E 6 Direktsaat, pflanzen

Pflanzenabstand: 20 × 20 cm

Lagerung: bleibt im Beet stehen, mulchen, abdecken

Fruchtfolge: mehrjährig, bleibt im Beet stehen

In der Küche: Ernte junger Blätter, für gemischte Salate, Suppe, Quark, Brotbelag

SCHNITT-LAUCH

Allium schoenoprasum

Für das Treiben graben Sie ab Dezember eine starke Pflanze mit Wurzelballen in Topfgröße aus und topfen sie in Kräuter- oder Blumenerde ein.

Durch Angießen mit warmem Wasser wird der Schnittlauch aus seiner Winterruhe geweckt. An dem Fensterbrett aufgestellt treibt er frische Blätter, im Winter eine Köstlichkeit für den Frischquark. Erst in Winterruhe, dann aufgeweckt, wachsen frische zwieblige Blätter auf dem Fensterbrett.

Spickzettel

Schwierigkeitsgrad:

Frosthärte:

Nährstoffbedarf:

Kulturdauer:

Geeignet für: HB, FB, B, GH, GB

Pflanzenfamilie: Amaryllisgewächse, Amarylliadaceae

Pflanzenhöhe: 15 bis 20 cm

Winteraussaat: A 3 bis A 6 Direktsaat, pflanzen

Pflanzenabstand: 20 × 20 cm

Pflanzenhöhe: 15 bis 20 cm

Lagerung: bleibt im Beet stehen, mulchen, abdecken

Fruchtfolge: nicht nach anderen Zwiebelgewächsen

In der Küche: Ernte junger Blätter, für gemischte Salate, Quark, Eierspeisen

THYMIAN

Thymus vulgaris

Trotz seiner Herkunft aus dem Süden ist Thymian bei uns völlig winterhart.

Setzen Sie die Pflanzen in den oberen sonnigen Teil der Kräuterspirale, in den Steingarten oder mit Salbei und Rosmarin in einen großen Kräutertopf. Im Winter eher vor Nässe schützen als vor Frost. Die verschiedenen Thymiansorten unterscheiden sich im Würzaroma. Sorten mit gelbgrünen oder grünweißen Blättern sind weniger winterhart als der „vulgäre" Thymian. Zum Würzen werden kleine Zweige geschnitten.

Spickzettel

Schwierigkeitsgrad: 🍃

Frosthärte: ❄ ❄

Nährstoffbedarf: ⚇

Kulturdauer: ●–●–●

Geeignet für: HB, FB, B, GH, GB

Pflanzenfamilie: Lippenblütler, Lamiaceae

Pflanzenhöhe: 20 bis 30 cm

Winteraussaat: pflanzen

Pflanzenabstand: 20 × 20 cm

Lagerung: bleibt im Beet stehen, mulchen, abdecken

Fruchtfolge: mehrjährig, bleibt im Beet stehen

In der Küche: Ernte der Blätter und Zweige, für Bratkartoffeln, Gemüsepfannen

SERVICE

Interessante Tipps rund um das Thema Wintergemüse.

ZUM WEITERLESEN

Baumjohann, Dorothea / Breckwoldt, Michael:
Ernteglück auch ohne Garten.
GU 2020

Bross-Burkhardt, Brunhilde:
Das Boden Buch.
Haupt Verlag 2017

Bross-Burkhardt, Brunhilde:
Das große Ulmer Biogarten-Buch.
Verlag Eugen Ulmer 2017

Grieb, Ortrud:
Alles über Bio-Gemüse.
Verlag Eugen Ulmer 2018

Kolarek, Martina:
Kompostieren! Biologisch, einfach, schnell.
Verlag Eugen Ulmer 2018

Lorenz-Ladener, Claudia:
Kleine grüne Archen. Passivsolare Gewächshäuser selbst gebaut.
Ökobuch, 5. Aufl., 2021

Lorenz-Ladener, Claudia:
Naturkeller. Neubau und Umbau von Räumen zur Frischlagerung von Obst und Gemüse.
Ökobuch, 18. Aufl., 2022

Lorey, Heidi:
Liebesapfel, Mangold & Rapunzel. Gemüse für Garten & Küche wiederentdeckt.
LV-Verlag 2005

Lorey, Heidi:
Gemüse und Blumen aus eigenem Saatgut.
Verlag Eugen Ulmer 2017

Lorey, Heidi:
Kartoffelliebe. Pflanzen, ernten, Sortenvielfalt genießen.
Verlag Eugen Ulmer 2019

Lorey, Heidi:
Gemüse ins Blumenbeet!
Verlag Eugen Ulmer 2021

Müller-Lindenlauf, Maria / Zipfer, Gunnar:
CO_2-Fußabdruck und weitere Umweltwirkungen von Gemüse aus Baden-Württemberg.
IFEU Heidelberg GmbH 2013

Raupach, Melissa / Lill, Felix:
Regrow your veggies. Gemüsereste endlos nachwachsen lassen.
Verlag Eugen Ulmer, 2. Aufl., 2022

Schmid, Otto / Henggeler, Silvia:
Biologischer Pflanzenschutz im Garten.
Verlag Eugen Ulmer, 10. Aufl., 2012

Schwester Christa Weinrich:
Mischkultur im Hobbygarten.
Verlag Eugen Ulmer, 6. Aufl., 2024

Schumann, Eva / Milicka, Gerhard:
Das Kleingewächshaus.
Verlag Eugen Ulmer, 5. Aufl., 2019

Weidenweber, Christine:
Mein Kräutergarten. Wie er mir gefällt.
Verlag Eugen Ulmer 2017

Wegner, Viktoria / Lorey, Heidi:
Gartengestaltung mit Hochbeet.
Callwey 2016

ADRESSEN & BEZUGSQUELLEN

Bingenheimer Saatgut AG
Kronstraße 24–26 · 61209 Echzell-Bingenheim
Telefon: 06035 - 18 99 0
www.bingenheimersaatgut.de
Katalog, Gemüsesamen

Bioland Hof Jeebel
Jeebel 17 · 29410 Salzwedel
Telefon: 039037 - 781
www.biogartenversand.de
Gemüse- und Kräutersaatgut, Jungpflanzen, Pflanzkartoffelsortiment

Bio-Saatgut – Gärtnerei Schänzle
Riedlingerstraße 16 · 89611 Obermarchtal
www.bio-saatgut.de
Gemüsesaatgut aus biologischem Anbau

Deaflora Aromagärtnerei – Andrea Hellmich
Dr.-Wolff-Straße 6
14542 Werder/Havel OT Glindow
Tel.: 03327 - 57 15 19
www.deaflora.de
Saatgut und Pflanzen

Dreschflegel
In der Aue 31 · 37213 Witzenhausen
Tel.: 05542 - 50 27 44
www.dreschflegel-saatgut.de
Gemüse-, Kräuter- und Blumensamen, Katalog, Schaugarten

Jansensamen
Van Leeuwenhoekweg 6 · NL-7102 EJ Winterswijk
Tel.: 0031 - 315 - 65 12 35
www.jansensamen.de
Gemüsesaatgut, besonders Kürbisvielfalt

N.L. Chrestensen GmbH
Erfurter Samen- und Pflanzenzucht GmbH
Postfach 1000 · 99079 Erfurt
www.gartenversandhaus.de
Katalog, Gemüsesaatgut

Sperli GmbH
Freckenhorster Straße 32 · 48351 Everswinkel
www.sperli-shop.de
Katalog, Gemüsesaatgut

Stochay – Italienische Samen
Amsterdamer Straße 230 · 50735 Köln
www.borlotti.de
Gemüsesaatgut, besonders Chicorée und Radicchio

VEN, Verein zur Erhaltung der Nutzpflanzenvielfalt
www.nutzpflanzenvielfalt.de
Infos zur Sortenerhaltung, Veranstaltungen, Saatgut

VERN e. V.
Verein zur Erhaltung und Rekultivierung von Nutzpflanzen in Brandenburg
Burgstraße 20
16278 Greffenberg/Uckermark
Telefon: 033334 - 702 32
www.vern.de
Saatgut, Schaugärten, Katalog

Wolfgang Nixdorfs Gemüsegarten Versandhandel
Daimlerstraße 10 · 73663 Berglen
www.garten-wn.de
Gemüsesaatgut

SCHNELL NACHGESCHLAGEN

HERZLICHEN DANK

Mein herzlicher Dank geht an das Team des Ulmer Verlages mit Bettina Brinkmann, Carolin Witte und dem Lektorat von Alessandra Kreibaum, die mich und das Buchprojekt umsichtig betreut haben.

Herzlich danken möchte ich allen Gartenfreunden in den verschiedenen Klimaregionen Deutschlands, die mir ihre Wintergemüse-Erfahrungen mitgeteilt haben.

Vielen Dank ebenfalls an die Saatgut-Firmen Bingenheimer, Dürr, Dreschflegel und Sperli für das zur Verfügung gestellte Saatgut.

DIE AUTORIN

Heidi Lorey entdeckte in ihrem Hausgarten den Anbau von Wintergemüse während der langen milden Herbsttage. Ihr Schlüsselerlebnis war die Ernte makelloser wurmfreier Radieschen im Oktober. Die Gartenarbeit kombiniert sie als freie Gartenjournalistin mit dem Bücherschreiben und ihrer Tätigkeit als Dozentin. Dem Gartenbaustudium an der Uni Hannover folgte eine Promotion im Fach Pflanzenzüchtung. Nach Praxisjahren in einer Gärtnerei arbeitete sie als Redakteurin für das Gartenressort des Magazins LandLust. Ihre Themenschwerpunkte sind der Küchengarten, die Wiederentdeckung von Gemüse- und Obstarten und die Saatguterhaltung. Sie ist im Verein zur Erhaltung der Nutzpflanzenvielfalt e. V. (VEN) aktiv. In Seminaren und Kursen gibt sie ihr Wissen zum Anbau und zur Kulturgeschichte der Gemüse und zum Samenbau weiter.

Bildquellen

Titelfoto: svetok30 / Shutterstock.com
Alle in diesem Buch verwendeten Fotos stammen von der Autorin, außer:
FotoVisionen Jürgen Krämer: S. 142
mauritius images: S. 4 oben, 13, 16, 34, 35, 52, 53, 86, 87, 95, 97, 111, 113, 117, 128, 129

Die Zeichnungen auf den Seiten 11, 12, 14, 21, 22, 25 und 36 fertige Susanne Dinkel an.
Die Vorlagen zu den Zeichnungen auf den Seiten 12 und 25 stammen vom Deutschen Wetterdienst, die Vorlage zur Zeichnung auf Seite 14 stammt vom ifeu – Institut für Energie- und Umweltforschung Heidelberg gGmbH.
Die Icons zu den Spickzetteln fertigte Antje Warnecke an.
Die Zeichnungen auf dem Umschlag und die Kapitelsymbole stammen von Fukurou / stock.adobe.com.

Impressum

Die in diesem Buch enthaltenen Empfehlungen und Angaben sind von der Autorin mit größter Sorgfalt zusammengestellt und geprüft worden. Eine Garantie für die Richtigkeit der Angaben kann aber nicht gegeben werden. Autorin und Verlag übernehmen keine Haftung für Schäden und Unfälle. Bitte setzen Sie bei der Anwendung der in diesem Buch enthaltenen Empfehlungen Ihr persönliches Urteilsvermögen ein. Der Verlag Eugen Ulmer ist nicht verantwortlich für die Inhalte der im Buch genannten Websites.

Anmerkung zur Schreibweise (Gendering):
Gendergerechtigkeit und Inklusion sind bei uns gelebte Praxis – bei der Auswahl unserer Themen, bei der Recherchearbeit, in der Gestaltung. Unsere Texte meinen alle. Damit unsere Inhalte jedoch gut lesbar bleiben, verzichten wir in diesem Werk auf die jeweilige Mehrfachnennung oder Anpassung der Schreibweise bestimmter Bezeichnungen an die weibliche, männliche oder diverse Form.

Bibliografische Information der Deutschen Nationalbibliothek
Die Deutsche Nationalbibliothek verzeichnet diese Publikation in der Deutschen Nationalbibliografie; detaillierte bibliografische Daten sind im Internet über http://dnb.d-nb.de abrufbar.

Das Werk einschließlich aller seiner Teile ist urheberrechtlich geschützt. Jede Verwertung außerhalb der engen Grenzen des Urheberrechtsgesetzes ist ohne Zustimmung des Verlages unzulässig und strafbar. Das gilt insbesondere für Vervielfältigungen, Übersetzungen, Mikroverfilmungen und die Einspeicherung und Verarbeitung in elektronischen Systemen.

© 2020, 2024 Eugen Ulmer KG
Wollgrasweg 41, 70599 Stuttgart (Hohenheim)
E-Mail: info@ulmer.de
Internet: www.ulmer.de

Projektleitung: Saskia Hoen, Carolin Witte
Lektorat: Alessandra Kreibaum
Herstellung: Isabell Scherrieble
Umschlaggestaltung, Layout und Satz:
Antje Warnecke, nordendesign.de
Reproduktion: time:ray Visualisierungen, Jettingen
Druck und Bindung: Westermann Druck, Zwickau
Printed in Germany

ISBN 978-3-8186-2257-2

FSC www.fsc.org MIX Papier | Fördert gute Waldnutzung FSC® C110508